Manifesto pelos direitos dos animais

RAFAELLA CHUAHY

Manifesto pelos direitos dos animais

EDITORA RECORD
RIO DE JANEIRO • SÃO PAULO
2009

CIP-BRASIL. CATALOGAÇÃO-NA-FONTE
SINDICATO NACIONAL DOS EDITORES DE LIVROS, RJ

C483m   Chuahy, Rafaella
           Manifesto pelos direitos dos animais / Rafaella
        Chuahy. - Rio de Janeiro : Record, 2009.

           ISBN 978-85-01-08197-1

           1. Direitos dos animais. 2. Animais - Proteção.
        I. Título.

08-3025.   CDD: 179.3
                                            CDU: 179.3

Copyright © Rafaella Chuahy, 2009

Capa
eg.design

Diagramação de miolo
Abreu's System

Texto revisado segundo o novo Acordo Ortográfico da Língua
Portuguesa.

Todos os direitos reservados. Proibida a reprodução,
armazenamento ou transmissão de partes deste livro, através de
quaisquer meios, sem prévia autorização por escrito.

Direitos desta edição adquiridos pela
EDITORA RECORD LTDA.
Rua Argentina 171 - 20921-380 - Rio de Janeiro, RJ - Tel.: 2585-2000

PEDIDOS PELO REEMBOLSO POSTAL
Caixa Postal 23.052 - Rio de Janeiro, RJ - 20922-970

Impresso no Brasil
2009

SUMÁRIO

I.	Introdução	7
II.	A história da exploração de animais	11
III.	O nascimento do movimento pelos direitos dos animais	17
IV.	A capacidade de pensar dos animais	29
V.	A situação atual dos animais nas fazendas-fábricas	34
VI.	A situação atual dos animais marinhos	48
VII.	Vivisseção — o pesadelo dos laboratórios	63
VIII.	Animais na indústria do entretenimento	75
IX.	Os animais e a moda	104
X.	Animais em rituais religiosos	107
XI.	O tráfico de animais	110
XII.	A caça ilegal de animais	121
XIII.	O perigo de comer carne animal	146
XIV.	A relação entre o consumo de carne e a água	165

XV.	A relação entre o consumo de carne, a fome e a poluição ambiental	173
XVI.	As transnacionais e o conflito Norte-Sul	181
XVII.	A alternativa vegetariana	186
XVIII.	As leis de defesa dos animais	194
XIX.	A responsabilidade social	212
XX.	Conclusão	218
XXI.	Grupos de defesa dos animais e pontos de informação	221
	Notas	227

I.

INTRODUÇÃO

"Eu também quero a volta à natureza.
Mas essa volta não significa ir para trás, e sim
para a frente."

Friedrich Nietzsche

PELO MENOS TRÊS VEZES POR semana o gato Macavity pega o ônibus 331 na parada Walsall, em Londres, e salta na parada seguinte, 400 metros depois. O gatinho branco que tem um olho cinza e outro verde se tornou famoso na cidade por sempre pegar e saltar do ônibus sozinho e no mesmo ponto. É claro, sempre perto de um restaurante que serve o famoso peixe com batatas fritas que os ingleses adoram. Não se sabe quem é o dono do gato, apenas que é um dos melhores passageiros. Senta-se silenciosamente, não perturba ninguém, espera o próximo ponto com paciência e sai educadamente do ônibus. A única coisa que não faz é pagar a passagem[1]!

Enquanto Macavity se diverte em Londres, o indefeso gatinho Kharlo é constantemente maltratado por quatro jovens ingleses de 14, 16, 17 e 18 anos. Depois de ser filmado pelos meninos sendo jogado várias vezes da varanda do quinto andar de um prédio, um vizinho chama a polícia, que o leva para o veterinário. Infelizmente, Kharlo não resiste e morre em decorrência de uma lesão cerebral e de fraturas múltiplas[2].

Assim como o gatinho Kharlo, cerca de 50 bilhões de animais são mortos todo ano no mundo para saciar interesses humanos, sejam eles entretenimento, comida, roupa ou fatores econômicos[3]. Os animais são as maiores vítimas da modernidade e os que possuem menos direitos.

A criatividade e a ambição humanas permitiram grandes avanços tecnocientíficos como a internet, a clonagem de seres humanos e o prolongamento da vida. Infelizmente a ética, a moral, a responsabilidade social, o pensamento, a compaixão, o questionamento e a dúvida, principalmente em relação aos animais, não têm evoluído com tanta rapidez. O homem continua a agir com a mesma brutalidade de há mil anos. Em vez de buscar soluções alternativas, avança com a tecnologia na direção da criação e do extermínio de animais com velocidade e eficácia. Ganância, estupidez, crueldade, ambição, falta de lealdade, desdém e individualismo excessivo são o que nos leva a explorar negros, pobres, índios, cachorros, vacas, gatos e até aqueles a quem chamamos amigos. A única diferença é que os animais são uma presa mais fácil: eles não podem revidar. Sua única possível vingança ou rebelião é a sua própria extinção, o que nos deixaria sem os recursos dos quais tanto dependemos. Não paramos para pensar que existem outras maneiras e

MANIFESTO PELOS DIREITOS DOS ANIMAIS 9

caminhos a seguir. Perdemos o senso crítico. Com arrogância, achamos que a natureza foi criada para nos servir e divertir, e abusamos dela sempre que nos é conveniente.

Este livro visa a provar que a causa animal é parte da causa pelos direitos humanos e que ao melhorarmos a situação dos animais, melhoramos a vida do homem. Os primeiros capítulos expõem o tratamento dos animais atualmente e discutem os seus direitos baseados na sua capacidade de sofrer e em seus direitos inatos, independentemente dos interesses humanos. Os demais capítulos mostram como o crescimento da indústria agropecuária em larga escala, o interesse desenfreado das transnacionais, o aumento do consumo de carne em países ricos e sua produção em países pobres, como também o uso excessivo de água, a fome no mundo, a caça e o tráfico ilegal de animais estão interligados e levam a um único resultado: o fim dos recursos naturais, do meio ambiente e da nossa espécie.

Os movimentos sociais contra a discriminação racial e sexual, a favor dos direitos dos trabalhadores, do meio ambiente e outros do tipo têm tido muito êxito. Mas ainda falta o apoio total ao movimento pelos direitos dos animais. Simplesmente pelo fato de que animais sofrem, têm valor moral e direitos inatos*. São indispensáveis à preservação do meio ambiente e, portanto, não devem ser maltratados. O movimento pelos direitos dos animais tem como objetivo acabar com a matança e com a explo-

---

* Existe um debate em relação a quais animais são capazes de sentir dor, mas o consenso é que todos os vertebrados sofrem.

ração. A ignorância acerca da situação animal não deve ser desculpa, proteção ou justificativa para aliviar o peso de nossas consciências. Para progredir moralmente temos que questionar nossos costumes e as normas às quais estamos condicionados. Ainda é possível criar uma cultura que não viva da exploração alheia, principalmente de indefesos. Esse movimento é abrangente e de grande importância no século XXI, pois pode salvar os animais e a nós mesmos. O fim da indústria e da exploração animal, associado a uma política correta de destribuição adequada de comidas vegetarianas e orgânicas, pode levar a um desenvolvimento sustentável, visando ao fim da fome mundial e ao bem-estar de humanos e animais.

Não existe momento mais oportuno para educar, mudar nossas ações, reverter pelo menos um pouco o mal que já foi causado aos animais e trabalhar para um futuro melhor. É imprescindível que seja cobrada a consciência da responsabilidade social do homem, que então poderá evoluir como ser humano. O respeito pela natureza não é retrógrado, pelo contrário, é progressista.

II.

A HISTÓRIA DA EXPLORAÇÃO DE ANIMAIS

"A compaixão pelos animais está intimamente ligada à bondade de caráter, e pode-se afirmar seguramente que quem é cruel com os animais não pode ser um bom homem."

Arthur Schopenhauer

MUITOS FILÓSOFOS, HISTORIADORES E ATIVISTAS atribuem às religiões ocidentais pelo menos parte da tradição de explorar os animais em favor do homem. O judaísmo e o cristianismo, principais religiões do Ocidente, justificam a subjugação dos animais. A interpretação dominante da Bíblia (Gênesis) é de que Deus autorizou os humanos a dominá-los*. Aristóteles, Santo Agostinho e Santo Tomás de Aquino acreditavam que os animais não tinham alma e que por isso seria impossível para humanos cometer qualquer pecado contra eles. De acordo com Aristóteles, os animais desfrutavam da função

---

* Uma minoria interpreta passagens da Bíblia (p. ex. São Francisco de Assis) como incentivadoras do tratamento humano aos animais.

sensitiva, mas não da racionalidade, sendo inferiores a humanos na hierarquia natural[4].

Santo Tomás de Aquino, que baseou parte de sua teoria nas conclusões de Aristóteles, teve grande influência no desenvolvimento do cristianismo e solidificou a ideia de que humanos têm um valor espiritual maior do que outros animais, já que foram criados com base na imagem de Deus[5]. O islamismo (a terceira religião baseada na ideia de Abraão) também acredita que o homem é especial e que os animais foram criados para servi-lo; apesar de algumas interpretações do Alcorão afirmarem que os homens não devem maltratar animais e que estes possuem um certo nível de racionalidade[6]. Na Idade Antiga e na Idade das Trevas a Igreja também condenava a dissecação de cadáveres humanos, por isso estudos anatômicos eram feitos em animais.

> **Curiosidade**
>
> Aristóteles acreditava que, assim como os animais, também as mulheres eram inferiores aos homens e que alguns homens eram naturalmente feitos para serem escravos.

Mais tarde, no século XVIII, iluministas como Descartes concluíram que os animais não tinham consciência e assim eram incapazes de sentir dor ou de pensar, reforçando a ideia cristã de que animais são mental e espiritualmente vazios. Outros filósofos, como Thomas Hobbes, John Locke e Immanuel Kant, acreditavam que animais eram capazes de sentir, mas não de raciocinar, o que era considerado necessário para ter um estado moral e adquirir direitos. Uma minoria de filósofos e cientistas pensava diferente. Jeremy Bentham e John Stuart Mill, por exemplo, acreditavam no princípio do utilitarismo, no qual uma ação é moralmente correta se tende a promover a felicidade e condenável se tende a produzir a infelicidade, considerada não apenas a felicidade do agente da ação mas também a de todos os afetados por ela. Eles argumentavam que a da animal é tão real e moralmente relevante como a humana e que infringi-la é imoral. Voltaire, outro filósofo que levava em consideração o bem-estar do animal, respondeu com grande eloquência à conclusão de Descartes de que os animais eram apenas máquinas. Em seu livro *Dicionário filosófico* ele escreveu:

> Que ingenuidade, que pobreza de espírito, dizer que os animais são máquinas privadas de conhecimento e sentimento, que procedem sempre da mesma maneira, que nada aprendem, nada aperfeiçoam! Será porque falo que julgas que tenho sentimento, memória, ideias? Pois bem, calo-me. Vês-me entrar em casa aflito, procurar um papel com inquietude, abrir a escrivaninha, onde me lembra tê-lo guardado, encontrá-lo, lê-lo com alegria. Percebes que experimentei os sentimentos de aflição e prazer, que tenho memória e conhecimento. Vê com os mesmos olhos esse cão que perdeu o amo e procura-o por toda parte com ganidos dolorosos, entra em casa agitado, inquieto, desce e sobe e vai de aposento em aposento e enfim encontra no gabinete o ente amado, a quem manifesta sua alegria pela ternura dos ladridos, com saltos e carícias. Bárbaros agarram esse cão, que tão prodigiosamente vence o homem em amizade, pregam-no em cima de uma mesa e dissecam-no vivo para mostrarem-te suas veias mesentéricas. Descobres nele todos os mesmos órgãos de sentimentos de que te gabas. Responde-me maquinista,

14 RAFAELLA CHUAHY

teria a natureza entrosado nesse animal todos os órgãos do sentimento sem objetivo algum? Terá nervos para ser insensível?

A maioria dos cientistas do século XVIII também acreditava que animais e humanos pertenciam a reinos diferentes[7]. Apenas no fim do século XIX, as teorias de Darwin conseguiram provar a relação entre os homens e outros animais[8]. Menos popular, mas também de igual importância, Darwin argumentou que alguns animais possuem conceitos gerais, habilidade de raciocinar (em diferentes níveis), sentimentos morais rudimentares e são capazes de sentir emoções complexas[9].

A história do mundo ocidental foi marcada pelo antropocentrismo. Os gregos já pintavam seus deuses com aspectos humanos. Nessa hierarquia os humanos ocupam o lugar entre Deus (ou deuses) e os outros seres da Terra, assim exercendo poder sobre eles. Afirmar que nós criamos a imagem de Deus (ou deuses), baseada em características humanas e não vice-versa, seria um ataque à religião, o que dificulta ainda mais a tentativa de acabar com o pensamento antropocentrista e colocar os homens no mesmo patamar que os animais[10].

A influência religiosa no tratamento dos animais ocorreu de maneira diferente no Oriente. As religiões orientais mais expressivas, o budismo, o hinduísmo e o jainismo (também conhecido como jinismo), têm como princípio ético-religioso o *Ahimsa*, que consiste na rejeição constante da violência e no respeito absoluto a toda forma de vida. Como em outras religiões, existem diferentes interpretações do *Ahimsa*, mas se destaca a ideia de que todos os seres vivos são espiritualmente iguais, de que todos estão interconectados e que serão reencarnados. Homens podem voltar a viver como animais e vice-versa. Assim, essas religiões ensinam a compaixão pelos animais e muitos dos seus seguidores adotam uma dieta vegetariana. Na Índia, por exemplo, 80% dos 800 milhões de hindus e 100% dos 4 milhões de jainistas são vegetarianos[11].

No budismo o número de vegetarianos é mais baixo porque varia conforme a interpretação dada aos ensinamentos da religião. Em geral budistas que seguem a linha mahayana (Ásia Oriental — influenciada pelo confucionismo) são vegetarianos. Já budistas da escola theravada (Sri-Lanka, Tailândia, Myanmar, Laos, Camboja, Bangladesh e partes do sudoeste da China) comem carne. De qualquer maneira, em sua maioria, o budismo incentiva o vegetarianismo e a compaixão por todos os seres vivos. De acordo com a filosofia budista, devemos comer apenas o suficiente para o sustento e não por prazer, e não devemos nos envolver na morte de animais.

Além da influência religiosa, pesquisadores também atribuem a exploração dos animais a fatores econômicos. Historicamente o movimento pelos direitos dos animais tem crescido mais rapidamente na parte ocidental do mundo. Estudos apontam para o fato de que pessoas de países pobres que têm acesso restrito a educação e comida são forçadas a se preocupar mais com sua própria sobrevivência do que com o bem-estar de outros grupos oprimidos, como os animais. Já as de países ricos que possuem segurança física e financeira têm mais oportunidades de se preocupar com o bem-estar alheio. Assim, concluem os pesquisadores, atitudes em relação aos animais mudam com o avanço da sociedade que se torna financeiramente mais estável e afluente[12]. No entanto, ainda é importante lembrar, umas das razões para o movimento dos direitos dos animais ser tão proeminente em países ricos é que a exploração de animais nesses países se tornou cada vez maior e sistemática, visando exclusivamente a fins lucrativos.

III.

O NASCIMENTO DO MOVIMENTO PELOS DIREITOS DOS ANIMAIS

> "O erro da ética até o momento tem sido a crença de que só se deve aplicá-la em relação ao homem."
>
> *Albert Schweitzer*

1. História do movimento

ODE-SE DIZER QUE O MOVIMENTO moderno para a defesa dos animais se originou em 1824 com a criação da Society for the Prevention of Cruelty to Animals[13] (Sociedade para a Prevenção da Crueldade com Animais), na Inglaterra, mas que só começou a ganhar força em 1970 quando um grupo de filósofos da Universidade de Oxford decidiu investigar por que o status moral dos animais não-humanos era necessariamente inferior ao dos seres humanos[14]. Por que é errado matar animais humanos, mas não animais não-humanos? Em 1972, um dos participantes do grupo, Richard D. Ryder, contribui para o livro *Animals, Men and Morals: An Inquiry into the Maltreat-*

ment of Non-humans[15] (Animais, homens e moral: uma investigação sobre o maltrato de não-humanos). Logo depois, em 1975, o filósofo australiano Peter Singer, hoje considerado um dos pais do movimento, publicou o livro *Liberação animal,* que teve impacto internacional e inspirou debates e inúmeras publicações sobre o assunto*.

Nessa época nos Estados Unidos o movimento contra a discriminação racial e sexual também levou muitos a questionarem a discriminação aos animais. Preocupações com a poluição, o efeito estufa e o meio ambiente em geral também ajudaram a causa animal[16]. Desde então, várias organizações de proteção, principalmente na parte ocidental do mundo, foram estabelecidas. Além de filósofos, o movimento hoje conta com teólogos, juízes, físicos, psicólogos, psiquiatras, veterinários, acadêmicos e outros profissionais.

2. Ramificações do movimento

Durante a evolução do movimento para a defesa dos animais, duas ramificações se tornaram proeminentes: grupos que lutam pelos *Direitos* dos animais e grupos que lutam para o *Bem-Estar* (utilitarismo) deles. O primeiro grupo, influenciado por grandes pensadores como Tom Regan, acredita que os animais devem ter direitos legais assim como os humanos: direito a não sofrer, à

---

* Singer não foi o primeiro a escrever sobre o assunto e parte do seu trabalho se baseia nas ideias de Henry Salt, que em 1892 publicou *O direito dos animais perante o progresso social.*

vida e à liberdade. São direitos inatos e não dependem de outros. Por exemplo, defensores dos *Direitos* dos animais acreditam que eles não devem ser utilizados em laboratórios, mesmo que os benefícios ao animal ou aos humanos sejam considerados maiores que o sofrimento do animal. Regan argumenta que chutar um cachorro é moralmente errado porque o faz sofrer, não porque o homem está cometendo um ato de violência. O animal tem valor moral independentemente do homem.

O segundo grupo, liderado por Peter Singer, acredita que é aceitável que animais sejam utilizados por humanos, desde que de maneira responsável, com o menor sofrimento possível, e que os benefícios a outros (animais ou humanos) sejam maiores que o sofrimento do animal. O bem-estar da maioria deve ser considerado em detrimento do bem-estar do animal. O utilitarismo não requer tratamento igual, mas sim consideração igual a todos os interesses dos indivíduos envolvidos. Em certas situações um animal ou um humano pode ser sacrificado, dependendo de qual se

> ### Direitos dos Animais (DA) Grandes Nomes
>
> - Henry Salt (1851-1939) — Escritor. Ensinou estudos clássicos na faculdade de Eton, Inglaterra.
> - Mary Midgley (1919-) — Filósofa e escritora. Ensinou filosofia na Universidade de Newcastle, Inglaterra.
> - Tom Regan (1938-) — Filósofo e escritor. Ensinou filosofia na Universidade da Carolina do Norte, Estados Unidos.
> - Richard Ryder (1940-) — Psicólogo e escritor. Ensinou filosofia na Universidade de Tulane, Estados Unidos.
> - Peter Singer (1946-) — Filósofo, escritor e professor de bioética da Universidade de Princeton, Estados Unidos.
> - Carol Adams (1951-) — Escritora.
> - Marjorie Spiegel — Escritora.

beneficiará mais nesse resultado utilitarista. Com essa base filosófica, a criação de animais para o consumo humano e a maioria (mas não todas) das práticas de vivisseção se tornam imorais já que os ganhos (prazer de comer, testes para cosméticos) são menores que as perdas (sofrimento e perda de vida dos animais).

3. Argumento filosófico a favor dos animais: a capacidade de sentir dor

Apesar de discordar sobre os direitos que os animais devem ou não ter, tanto os grupos que defendem o *Bem-Estar* como os que defendem os *Direitos* dos animais concordam que animais devem ser protegidos e que a proteção é justificada no mínimo por sua capacidade física ou psíquica de sofrer. A dor é uma defesa biológica contra o perigo, mas todos nós concordamos que sentir dor é um mal para todos os que têm a capacidade de senti-la. Todos os seres sencientes têm interesse em não sofrer e no seu próprio bem-estar físico e psíquico. Assim, filósofos nesse campo acreditam que pelo menos os animais sencientes devem ser incluídos na esfera moral, tradicionalmente reduzida a seres humanos. A inclusão cria certas obrigações éticas que passamos a ter perante eles. No mínimo temos que respeitar o seu bem-estar, sua liberdade física e seu interesse pela vida.

Hoje vários estudos já concluem que animais vertebrados sentem dor. O mecanismo utilizado por eles para detectar dor é parecido com o nosso, assim como a parte do cérebro que processa o sentimento de dor e o comportamento do animal ao sentir desconforto[17]. Em geral três tipos de comportamentos são associados ao sentimento de dor: (1) evitar ou escapar de um estímulo negativo como, por exemplo, tirar a mão ou pata (no caso dos animais) do fogo; (2) pedir ajuda (como chorar ou gritar) quando machucado e (3) limitar o uso de uma certa parte do corpo quando machucada, como evitar pisar com o pé ou pata ferida. A maioria dos animais apresenta o comportamento (1), os vertebrados e alguns invertebrados apresentam o comportamento (3) e pelo menos os mamíferos e pássaros apresentam o comportamento (2)[18]. Cientistas também concordam que sentir dor faz sentido no processo de evolução biológica. A capacidade humana de sentir dor nos protege contra perigos como nos machucar sem perceber e ajuda nossa sobrevivência. Já que os animais vertebrados têm uma estrutura neurológica e o comportamento diante da dor parecidos com o nosso, acredita-se que eles também têm a habilidade de sentir e sofrer[19].

Peter Singer exemplifica por que os animais também têm direito a não sentir dor, independentemente do nível de inteligência. Ele argumenta que um bebê ou um deficiente mental não apresenta grande inteligência ou métodos de comunicação, mas são protegidos por leis. Por que então é moralmente correto submeter macacos a testes de laboratório e não um deficiente mental, cujo nível de inteligência é o mesmo? Nós reconhecemos que, por serem mais vulneráveis, crianças e deficientes devem ser protegidos por meio de leis estritas. No entanto, em vez de também reforçarmos as leis contra o abuso dos animais, fazemos o contrário, e os privamos delas. Singer compara o tratamento dos animais ao racismo europeu na época dos escravos. Os europeus não se importavam com a dor dos escravos negros, pois os interesses da raça branca sempre prevaleciam. Hoje fazemos o mesmo com os animais. Em vez de sermos racistas, praticamos o "especismo", preconceito baseado na espécie[20]. Acreditamos que membros da espécie *Homo sapiens* são superiores aos de todas as outras. Assim como racistas acreditam ser moralmente superiores a membros de outras raças e sexistas moralmente superiores aos de outro sexo. Por sermos moralmente superiores, o interesse de nossa espécie é maior do que o dos animais, então preferimos ignorar o fato de que um porco ou uma vaca possam sentir a mesma dor que nós e que possuem seus próprios interesses. Moralmente, se rejeitarmos o racismo, o sexismo e outras formas de preconceitos, temos a obrigação também de negar o especismo. Não há justificativa moral para aceitar matar e comer animais de outras espécies, mas não os de nossa própria.

No final dos anos 1990, o respeitado filósofo e professor Gary Varner, PhD, que ainda hoje ensina na Universidade do Texas A&M, conduziu um estudo para descobrir quais animais têm a capacidade de sentir dor. Ele estudou a presença de seis características em vertebrados (peixes, pássaros, mamíferos e sapos) e invertebrados (minhocas, insetos e cefalópodes): os nociceptores (receptores para a dor), o sistema nervoso central, a conexão entre nociceptores e o sistema nervoso central, os opioides endógenos (substâncias dentro do corpo que aliviam a dor), as respostas dos animais perante a dor e suas reações diante da dor quando anestesiados. Ele concluiu que provavelmente todos os animais vertebrados sentem dor. Os invertebrados provavelmente não têm essa capacidade, com exceção dos cefalópodes, como os polvos e lulas[21].

Outros estudos também foram realizados para medir a dor emocional, aquela sentida quando um membro da família morre. Pesquisadores concordam que pelo menos cachorros, gatos, pássaros e macacos entram em depressão, sentem ansiedade e apresentam comportamentos similares ao humano como anorexia e falta de motivação[22].

4. Argumento filosófico a favor dos animais: além da capacidade de sentir dor

Além de sentir dor, a filósofa britânica, Mary Midgley, acredita que os animais merecem respeito por sua capacidade emocional e social. Ela cita o exemplo de um computador, máquina considerada inteligente mas não ao ponto de tirar o sono de alguém que fica acordado pensando em seu cansaço físico ou bem-estar. Não importa o nível de inteligência do computador, e sim se ele apresenta sensações, consciência e emoções. Ninguém irá pensar em moralidade quando utilizá-lo para ganhos pessoais. Nem ele faz parte de nossa comunidade. Já um golfinho, ou um chimpanzé, apresenta claramente essas características e merece toda consideração ética[23]. Em seu livro *Beast and Man: The Roots of Human Nature* (A fera e o homem: as raízes da natureza humana), Midgley compara animais e humanos. Ela conclui que os seres humanos são muito parecidos com os outros animais, e que muitas vezes os animais não-humanos apresentam um nível de sofisticação muito maior que o nosso. A autora ainda argumenta que a semelhança entre nós e outros animais é mais importante e relevante para a nossa ética e autoconhecimento do que as diferenças que são muitas vezes exageradas[24].

Outras defensoras da causa investigam diferentes aspectos do lugar dos animais em nossa sociedade. A escritora Carol Adams compara o movimento vegetariano com o movimento feminista em seu livro *The Sexual Politics of Meat* (A política sexual da carne)[25]. O livro analisa várias metáforas que usamos no dia a dia quando falamos de carne. Essas metáforas são usadas da mesma maneira que aquelas relacionadas às mulheres para esconder seu verdadeiro significado e oprimir os animais. Por exemplo, usamos o termo "bife" em vez de "vaca", para não pensarmos no que realmente estamos comendo. Em muitas culturas, a carne também é vista como símbolo de virilidade. É comum dizer-se que o homem que é macho gosta de carne e não de vegetais. A maneira como tratamos o consumo de carne reforça uma sociedade patriarcal que utiliza a linguagem para refletir os interesses masculinos. Adams faz uma investigação detalhada estabelecendo a conexão entre a dominância masculina, os movimentos vegetariano e feminista.

A filósofa brasileira Sônia Teresinha Felipe concorda com Carol Adams. Ela acredita que se comer carne fosse natural aos homens, eles o fariam sem artifícios, como comprar a carne já em pedaços no supermercado. A aparência do animal morto nos faz mal e nos força a pensar em nossa própria vulnerabilidade à violência e à morte. Para disfarçar ao máximo a brutalidade de matar um animal para nosso consumo, não só mudamos o nome da comida, mas também sua aparência na hora de embalar e comercializar o produto. A filósofa mostra como a moral tradicional se baseia numa ética de aparência[26].

A escritora Marjorie Spiegel publicou o livro *The Dreaded Comparison* (A temida comparação), que compara o tratamento dos escravos africanos com o dos animais. Segundo a autora, o sistema de opressão dos dois é incrivelmente similar. Ela compara escravos amontoados em um navio negreiro a galinhas poedeiras, uma mulher com uma mordaça a um cão com a mesma, negros sendo chamados de macacos, e animais considerados irracionais e propriedade dos humanos, assim como os negros na época das colônias que

> ### Curiosidade
>
> Um estudo feito pelo Instituto Max Planck de Antropologia Evolucionária de Leipzig, na Alemanha, oferece mais uma prova de que os cães têm a capacidade de pensar. O estudo foi feito com Rico, um cão da raça border collie. Primeiro Rico foi colocado numa sala com dez de seus brinquedos. Os pesquisadores pediram que ele trouxesse dois dos objetos; ele acertou 37 de 40 tentativas. Na segunda etapa do teste, os cientistas introduziram entre os brinquedos um objeto novo, que Rico nunca tinha visto. Então pediram-lhe que o apanhasse. Rico entendeu que nunca tinha ouvido o nome desse objeto e então deduziu que deveria ser aquele que ele não conhecia. Acertou sete das 10 tentativas. Segundo os cientistas, isso prova que os cães são capazes de lógica simples e tão inteligentes como crianças de pelo menos três anos. Eles podem deduzir o significado de nomes nunca ouvidos, reconhecer 200 palavras e lembrar semanas depois do que aprenderam.
>
> Fonte: Bloom, P. (2004). "Can a dog learn a word?" *Science*, vol. 304:1605-1606.

também eram tidos como irracionais e propriedade dos brancos.

O professor de direito da Universidade de Rutgers nos Estados Unidos, Gary Francine, associa a defesa dos animais ao humanismo. Ele defende a tese de que massacrar os animais é um ato do ser humano contra si próprio, e mesmo assim o praticamos, pois estamos cegos perante nossas relações sociais. Continuamos a torturar os animais, não por necessidade ou nosso bem-estar, mas como submissão à lógica da propriedade e da mercantilização. Em nossa sociedade a posse de bens materiais é essencial ao que consideramos sucesso, tornando-nos indiferentes à crueldade. Ao vermos os animais como propriedade, os utilizamos da maneira mais rentável possível. Não há interesse econômico em tratar os animais como seres sencientes e por isso não o fazemos. Só lhe damos alguma proteção quando isso nos beneficia. Segundo Francine, o dia em que conseguirmos enxergar o sofrimento de outras espécies, nos livraremos das brutalidades que cometemos entre nós mesmos[27].

Também do ponto de vista do humanismo, o historiador inglês Felipe Fernández-Armesto, da Universidade de Londres, acredita que o elo entre animais e seres humanos está sendo perdido e que é hora de repensar o que define a humanidade e a relação entre o homem e os outros animais. Esse elo é responsável por nossa ligação com a natureza e nos permite enxergar o outro. O processo civilizatório, como o uso de animais domesticados em fazendas industriais, rompeu essa união e tornou o homem mais egoísta e distante da natureza a que pertence. Esse rompimento nos faz perder nossa identidade como humanos[28]. Nós nos vemos superiores à natureza e ignoramos o fato de que, na verdade, a natureza é superior a nós e nos permite existir. Os animais, habitantes da terra há muito mais tempo que nós, podem viver sem o homem, mas este não sobreviveria sem eles.

5. Reflexão

Além de moralmente correta, a filosofia dos direitos dos animais é pacifista. Ao ensinar uma criança a não jogar pedra numa pomba, respeitando-a, talvez ela cresça entendendo que não temos o direito de fazer outros seres vivos, humanos ou não, sofrerem para satisfazer nossos desejos, prazeres, luxo ou conveniência. O respeito a um animal deve ser o mesmo dado a um ser humano. Uma criança que aprende a respeitar e valorizar a vida de um animal crescerá com menos preconceitos e um maior entendimento sobre o valor da vida, qualquer que ela seja. Vários estudos já apontam para a relação entre o abuso contra um animal e a violência contra humanos. Muitos criminosos violentos, como assassinos, têm um história de violência contra animais. Psicólogos também concordam que a maioria das crianças que torturam animais se tornam adultos com sérios distúrbios psicológicos[29].

A justificativa de abuso do animal, baseada em sua falta de inteligência ou pouca inteligência, não tem fundamento. A sensibilidade, inteligência e capacidade emocional dos animais ou, mesmo, apenas a sua capacidade de sofrer são suficientes para exigir que eles sejam tratados com dignidade e que tenham reconhecidos os devidos direitos. O próprio princípio da justiça diz que ninguém tem o direito de se beneficiar à custa da violação dos direitos de outro. Não interessa se esse "outro" seja um ser humano ou outro animal. Cabe a pergunta: "Por que as pessoas têm compaixão para com crianças de rua?" Duvido que alguém me responda: "Porque são inteligentes, conseguem se comunicar por meio da linguagem, têm capacidade de aprender matemática e talvez tocar piano." A resposta mais comum seria: "Porque estão sofrendo, passando fome e sede." Também é assim com os animais. O que faz o preconceito racial, a escravidão, a discriminação sexual, o abuso de crianças e os experimentos nazistas errados? As vítimas, não porque são humanas, mas porque são mortas ou prejudicadas. Os animais passam pelo mesmo.

Qualquer teoria moral defende a noção do "princípio de igualdade de consideração" (regra segundo a qual devemos tratar de modo igual os casos semelhantes)[30]. Se pensarmos nisso, circos, rodeios, zoológicos, caça e outras coisas do gênero se tornam imediatamente atos imorais. A maneira de proteger os animais contra o sofrimento inútil é reconhecer-lhes direitos. Eles não podem ser vistos nem legal nem moralmente como propriedade ou "recursos naturais". Aqueles com capacidade de sentir devem ter direito a não sofrer, à vida e à liberdade. Se não estabelecermos limites para a forma pela qual os humanos tratam os animais não poderemos proceder judicialmente contra pessoas que não os respeitam.

IV.

A CAPACIDADE DE PENSAR DOS ANIMAIS

> "O destino dos animais tem muito mais importância para mim do que o medo de parecer ridículo: está indissoluvelmente ligado ao destino do homem."
>
> *Émile Zola*

1. Etologia cognitiva: origem dos estudos sobre a consciência animal

ALÉM DE SOFRER, SERÁ QUE OS animais pensam? Esta questão tem sido muito estudada por psicólogos e outros cientistas desde os anos 1970. Em 1976, um dos biólogos mais conhecidos do mundo, Donald Griffin, que se formou na Universidade de Harvard nos Estados Unidos, publicou o livro *The Question of Animal Awareness* (A questão da consciência do animal), criando o novo campo da etologia cognitiva (o estudo da consciência dos animais). Mais tarde, publicou vários livros, inclusive *Progress Toward a Cognitive Ethology* (O progresso para uma etologia cognitiva), em 1991, e *Animal*

Minds: Beyond Cognition to Consciousness (Mentes de animais: da cognição à consciência), em 2001. Sua pesquisa consistiu basicamente em investigar "se animais podem ter pensamentos relativamente simples acerca das coisas que, para eles, têm importância. Diante da ameaça de um predador, será que um animal pensa algo mais ou menos assim: se este bicho me pegar, vai me ferir? Ou será que um animal faminto pensa a respeito do gosto de um alimento particular"[31].

Após mais de 30 anos observando e analisando animais, Griffin afirma que mesmo os animais considerados mais primitivos podem ter consciência, que é definida no sentido de *dar-se conta* de eventos no ambiente e de seus afetos. Segundo o biólogo: "Um animal experimenta níveis simples de consciência quando pensa subjetivamente sobre objetos e eventos. Pensar sobre algo, nesse sentido, significa que ele presta atenção às suas imagens mentais internas ou representações de objetos e eventos. Estas podem ser situações com as quais ele se defronta no presente, lembranças, ou antecipações de situações futuras. Tal pensamento leva frequentemente o animal a efetuar comparações entre duas ou mais representações e a escolher e decidir qual comportamento ele acredita capaz de levar a resultados desejados ou a evitar resultados negativos.[32]"

De acordo com a teoria de Griffin, os animais possuem a capacidade de se adaptar a novos desafios e apresentar versatilidade em suas reações. Segundo ele, é muito difícil que os animais sejam geneticamente programados para saber exatamente o que fazer em diferentes situações, especialmente as novas. Sua teoria afirma que a decisão do animal de seguir a alternativa A ou B quando ameaçado pode vir do inconsciente. É possível que o inconsciente processe informação no cérebro e ajude o animal a tomar uma decisão que ele considere a melhor. Mas, na realidade, o pensamento consciente pode ser o mais eficaz para o cérebro comparar diferentes oportunidades e ações. Assim, é mais provável que animais tomem suas decisões conscientemente[33]. Griffin dá como exemplo as garças que usam diferentes táticas para atrair peixes. Algumas delas lançam a isca longe, outras, perto; algumas usam gravetos, outras, migalhas de pão e algumas até modificam o tamanho da isca antes de usá-la. Seria muito difícil justificar tal comportamento geneticamente já que cada garça age de maneira única. Além da versatilidade, Griffin aponta o aproveitamento da experiência passada, a engenhosidade e a comunicação como provas de consciência. Finalmente afirma que não há nenhuma evidência de que existe algo no cérebro humano que é único dele e que dá origem à consciência. Assim não tem por que acharmos que os animais não possuem consciência ou a capacidade de pensar[34].

Os neurologistas ainda não sabem como a consciência surge e se torna possível no cérebro. Várias pesquisas no campo da neurociência cognitiva revelam grandes similaridades entre o mecanismo neurológico humano e o animal. Segundo pesquisadores, a mais forte evidência vem do comportamento comunicativo dos animais, provando a sua capacidade de pensar e sentir. Griffin utiliza exemplos de chimpanzés, golfinhos, pássaros e abelhas para mostrar que esses animais se comunicam utilizando métodos não-verbais[35]. As abelhas, por exemplo, possuem cérebro pequeno mas extremamente complexo. Muitos acreditam que seu comportamento está vinculado a fatores genéticos instintivos. Griffin não acredita que estes provem a falta de consciência nos animais. As abelhas precisam achar seu alimento diariamente e quando localizam fontes de néctar comunicam a sua descoberta às outras abelhas. Para o cientista, é enganoso achar que essa capacidade de comunicação e decisão é apenas instintiva e não envolve a consciência[36].

2. Reflexão

É importante ressaltar que, segundo Griffin, a consciência varia dependendo da espécie, idade, cultura, experiência e sexo. Assim é de esperar que diferentes animais possuam diferentes níveis de consciência. Um primata é considerado mais inteligente que um papagaio, mas isso não invalida o fato de o papagaio ter consciên-

> ### Curiosidade
>
> Há inúmeros exemplos mostrando que animais pensam e sentem. Desde as descobertas de Griffin, pesquisadores têm se empenhado no campo da etologia cognitiva. Em 2004, o neurobiólogo Keith Kendrick, do Instituto Babraham, na Inglaterra, realizou vários testes em carneiros e ovelhas para avaliar sua inteligência. Ele descobriu que esses animais têm um nível mental e social muito mais avançado do que pensávamos. Os carneiros conseguiriam reconhecer, em meio a outras coisas, o rosto de pelo menos 50 carneiros e 10 humanos. Quando colocados dois rostos na sua frente, o carneiro sabe distingui-los, mesmo que esses rostos tenham apenas 5% de diferença entre si. Também sabem detectar quando outros carneiros estão ansiosos ou tristes; quanto às pessoas, preferem rostos humanos risonhos a emburrados.
>
> Fonte: da Costa, A., Leigh, A., Man, M. & Kendrick, K. (2004). "Face pictures reduce behavioural, autonomic, endocrine and neural indices of stress and fear in sheep." *Proceedings of the Royal Society*. v. 271, n. 1552.

cia. A crença de que somos muito mais inteligentes e, assim, superiores ao animais está se tornando mito. Existem vários tipos de inteligência (linguística, emocional, social, matemática, visual etc.). Só porque eles não se comunicam de maneira verbal, como nós, não significa que são incapazes de pensar e se comunicar entre si. A visão científica atual é de que existem vários graus de complexidade da inteligência presente em mamíferos, e que nós compartilhamos com eles muitas das características que previamente pensávamos ser exclusivas do ser humano, tal como a linguagem simbólica[37]. É claro, o nível de inteligência varia dependendo da espécie e até entre seres da mesma espécie (como nós), mas negá-la é se acomodar com a situação atual. Ao aceitarmos que animais sofrem, maltratá-los se torna imoral. O fato de serem inteligentes põe ainda mais em evidência a nossa ignorância, inconsequência e a necessidade urgente de lhes reconhecer direitos.

V.

A SITUAÇÃO ATUAL DOS ANIMAIS NAS FAZENDAS-FÁBRICAS

> "Aquele que é cruel com animais torna-se duro, inclusive no trato com pessoas. Podemos julgar o coração de um homem pelo tratamento que dá aos animais."
>
> *Immanuel Kant*

1. Origem das fazendas-fábricas

GRAMADOS VERDES E EXTENSOS ONDE pastam livremente vacas, carneiros e outros animais são cenários em extinção. Desde o final da Segunda Guerra Mundial, principalmente em países ricos, houve uma dramática transformação no setor agropecuário devido a novas tecnologias, à prosperidade e ao aumento do consumo de alimentos. Nos anos 1970 houve um crescimento no mercado de comida rápida e grandes companhias, como o McDonald's, para baixar o custo, começaram a comprar carne de poucos grandes fornecedores, em vez de vários pequenos fazendeiros. Assim, fazendas de porte pequeno faliram e outras se agruparam e se tornaram grandes fá-

MANIFESTO PELOS DIREITOS DOS ANIMAIS **35**

bricas[38]. Hoje, apenas algumas enormes fazendas modernas, já estruturadas como agroindústrias, onde são criados principalmente porcos, galinhas e vacas, fornecem a maioria da carne e laticínios vendidos nos Estados Unidos, na Grã-Bretanha e em grande parte de outros países industrializados. Só nos Estados Unidos, quatro corporações controlam 79% da indústria de carne, e esse tipo de fazenda mata 100 milhões de mamíferos e cinco bilhões de aves por ano[39]. Calcula-se que no mundo mais de 50% de porcos e galinhas e aproximadamente 43% das vacas são criados nesse tipo de fábrica[40]. Além de dominar o mercado da América do Norte, Japão e Europa, hoje também já está se tornando comum em países como Brasil, México, Índia, China, Tailândia, Filipinas e países da antiga União Soviética[41]. No Brasil, uma fazenda-fábrica fundada em 1953 em Goiás é a maior exportadora de carne da América Latina e um dos quatro maiores frigoríficos do mundo, abatendo diariamente 47,1 mil cabeças de gado[42].

🐾 Atualmente, estima-se que o número de animais mortos para tornarem-se alimento, sem incluir animais marinhos, chega a 50 bilhões[43].

O filósofo australiano Peter Singer foi o primeiro a descrever, em 1975, a situação dos animais nesse tipo de fazenda, conhecida como fazenda-fábrica, em seu livro *Animal Liberation* (Libertação animal). Atualmente, ela oferece um sistema de linha de montagem para o setor agropecuário. O objetivo é produzir a maior quantidade de carne, leite e ovos de forma mais rápida e barata.

Trata-se de construções metálicas sem janelas onde os animais ficam confinados em minúsculas jaulas ou espaços que não lhes permitem sequer se mover. As fazendas funcionam como uma montadora de carros, em que tudo que possível é automatizado para baixar o custo de mão de obra. Pequenos espaços permitem que poucos trabalhadores supervisionem os animais. Uma só pessoa pode cuidar de mais de mil animais[44].

Os animais são confinados, marcados com ferro em brasa, presos com cordas para ficarem imóveis, castrados sem nenhuma anestesia, eletrocutados, mutilados e forçados a receber hormônios e outras substâncias que lhes causam desconforto. Eles sofrem constante dor, ansiedade, medo, desespero, revolta e até canibalismo. O pesadelo continua desde a fazenda até o matadouro, ou abatedouro. Para minimizar os custos, os fazendeiros colocam o maior número possível de animais em caminhões para transporte. Apertados nesses veículos, passam horas sobre excrementos de outros animais, sem comida, luz, ar ou água. Sofrem extremo frio ou calor excessivo no transporte.

2. A vida dos animais nas fazendas-fábricas

a. Galpões de criação de frango

Nas fazendas, as aves são mantidas em lugares escuros e sem janelas. Oito ou nove delas são colocadas em uma gaiola minúscula, e ficam impossibilitadas de mexer ou abrir as asas. Acabam perdendo as penas e tendo os pés e a pele feridos. As galinhas são muito sensíveis e ficam extremamente estressadas nesses ambientes, a ponto de brigar, o que não é comum nas que são criadas livremente. Para evitar que as brigas resultem em mortes, os fazendeiros praticam a debicagem — técnica desenvolvida no anos 1940 nos Estados Unidos. Na época, usava-se maçarico para queimar a parte superior do bico; mais tarde, ferros de solda. Hoje utiliza-se uma guilhotina de lâminas aquecidas, que cortam os bicos de 15 aves por minuto[45]. A afiação da lâmina e a sua temperatura variam e podem causar, além de dor, sérias lesões nas aves. Quando estão muito quentes, elas queimam a boca; quando frias causam uma inflamação dolorosa na extremidade da mandíbula[46]. Depois de debicadas, muitas galinhas comem menos e perdem peso, por causa da dor contínua.

Normalmente galinhas podem procriar e viver mais de 10 anos, o cuidado nas fazendas-fábricas é tão precário que, depois de dois anos, elas passam a ter dificuldade para pôr ovos e, por isso, são abatidas. As aves são encorajadas a comer sem parar, e a comida é manipulada para fazê-las crescer mais rápido. Hoje, nos Estados Unidos, uma galinha de fazenda de criação chega ao tamanho ideal para o abate em apenas seis semanas, e não 16, como antigamente. Esse crescimento forçado leva a ave a sofrer com doenças nos ossos e nas juntas. Seu esqueleto não consegue aguentar o peso excessivo e muitas vezes acaba com fraturas nos pés.

Nos abatedouros, as galinhas são penduradas pelos pés e se debatem até que seus pescoços sejam cortados. São então jogadas em água fervendo para que suas penas sejam retiradas[47]. O corte nem sempre é preciso e não atinge as carótidas. Por isso, o animal é, às vezes, jogado ainda vivo na água fervendo. Depois de depenada, sem os pés e a cabeça, o corpo é embalado inteiro ou em pedaços para ser vendido "fresquinho" nas prateleiras dos supermercados[48].

b. Criação e abate de vacas

Nas fazendas-fábricas as vacas são superalimentadas para crescer mais rápido, engordar e produzir mais leite. Elas se alimentam de grãos com muita proteína, ração de cachorro e gato fora do prazo de validade, fezes de aves e restos de comida de restaurantes. Passam de 5 a 10 minutos presas às ordenheiras, que podem não estar calibradas corretamente ou com defeito, apertando demais suas tetas e causando-lhes dor e doenças. As vacas são transportadas para os matadouros em caminhões extremamente apertados, sob temperaturas altíssimas, sem comida, água ou cuidados veterinários. Muitas não aguentam e morrem no caminho. No matadouro, 400 vacas podem ser mortas por hora; algumas são retalhadas ainda vivas[49].

Como a galinha, as vacas também são mortas com um corte na garganta. Geralmente o processo é manual: faz-se o primeiro corte no pescoço da vaca, com a mão puxa-se a jugular para fora e faz-se nela o segundo corte. O animal leva vários minutos para morrer dessangrando, e de sua garganta saem mais de 12 litros de sangue[50]. Para

Curiosidade

Vacas e elefantes são sensíveis e capazes de sofrer com a perda de um membro de sua família ou comunidade. Os elefantes têm o hábito de ficar de luto quando um dos seus morre, guardando o corpo por algum tempo. Eles também enterram o corpo com folhagem. O hábito do luto também pode ser observado nas vacas, que ficam dias ao lado do bezerro quando ele morre.

Além de sensíveis, os elefantes, assim como os grandes primatas, têm a capacidade do autorreconhecimento. Em 2006, cientistas americanos do Centro Nacional Yerkes de Pesquisas de Primatas, da Universidade de Emory, e da Sociedade de Conservação da Vida Animal colocaram três fêmeas em frente a um grande espelho. As elefantas não tentaram tocar o espelho (como se fossem outras elefantas), mas entenderam que eram apenas imagens de si próprias. Elas se inspecionaram movendo as trompas, o corpo, e olhando dentro de suas bocas. A autopercepção é importantíssima no campo da psicologia como prova de consciência.

Fonte: Emory University Health Sciences Center (2006, 31 de outubro). First Evidence To Show Elephants, Like Humans, Apes And Dolphins, Recognize Themselves In Mirror. *ScienceDaily*. Acessado em 5 de novembro de 2007: http://www.sciencedaily.com/releases/2006/10/061030183310.htm

o processo ser "menos doloroso", para que elas não gritem e assustem as outras, muitos abatedouros usam métodos de pré-abate: pistolas pneumáticas, atordoamento eletrônico e golpes de marreta. No primeiro método, uma pistola é apontada para a cabeça da vaca e uma haste de metal é disparada para dentro do cérebro. Se o animal se mexer, o abatedor corre o risco de atingir-lhe o olho, causando-lhe ainda mais dor. No segundo método, o atordoamento eletrônico, os animais são molhados e levam um choque de 240 volts. O último, o golpe de marreta, é aplicado em vacas e bezerros, já que seu crânio é mais macio. O abatedor, usando um martelo específico, golpeia a cabeça do animal, quebrando seu crânio. Se errar a martelada, pode atingir o olho ou nariz[51].

c. A vida dos bezerros de criação

Novilhos de vacas leiteiras são escolhidos para produzir vitela, também conhecida em restaurantes como baby beef. A popularidade desse tipo de carne no Brasil tem aumentado nos últimos anos. Os novilhos, privados dos cuidados maternos apenas com alguns dias de vida, são trancados num espaço pequeno onde ficam impossibilitados de se mexer. Sem tomar leite, pegar sol ou pastar. Eles são alimentados com um substituto do leite, preparado para engordá-los pelo menos 800 gramas por dia. Os fazendeiros evitam dar água aos animais para que, com sede, eles comam mais. A dieta dos novilhos não contém ferro (causando-lhes diarreia crônica) para que se tornem anêmicos. Nada no estábulo é feito de ferro para evitar que o animal entre em desespero e lamba o material. A anemia e a falta de exercício levam o novilho a produzir uma carne de cor clara e macia, quase sem sangue. O animal é morto antes de completar 1 ano de idade. Esse comércio cruel originou-se da indústria de laticínios, que não tinha o que fazer com grande parte dos bezerros nascidos das vacas leiteiras.

d. Currais abarrotados de porcos

Os porquinhos são mantidos em espaços apertados com outros filhotes desde 4 semanas de idade. Quando atingem 22 quilos, são transferidos para um cercado minúsculo, com chão de concreto (mais fácil de limpar) e sem nenhuma palha ou terra. Apesar de inteligentes e sociáveis, os porcos são separados uns dos outros por barras de aço. Sua única atividade nessa época é comer, levantar, deitar e dormir. Por falta de atividade e estressados, procuram morder o rabo do porco mais próximo. Para evitar que isso aconteça, os criadores cortam os rabos de todos eles (a sangue-frio)[52].

Quando estão prontos para o abate, são transportados em caminhões superlotados para os matadouros. Ao chegar ao seu destino, os porcos sentem o cheiro do sangue e, desesperados, tentam resistir aos transporta-

---

Porquinhos inteligentes

Lyall Watson, Ph.D em zoologia, convive com porcos desde os 5 anos, e eles se tornaram seu animal preferido. Segundo o cientista, os porcos são conhecidos como sujos e preguiçosos, mas, na verdade, são animais extremamente limpos, inteligentes e sociáveis. Infelizmente, suas personalidades mudam completamente ao se verem encarcerados e amontoados em lugares pequenos e sujos próprios para a criação e o consumo humano. Os cientistas acreditam que os porcos são capazes de ter pensamentos abstratos, o que prova que sua inteligência pode ser comparada à dos chimpanzés. Um exemplo é o porco tipo potamoquero (*Potamochoerus porcus*), de Uganda, que se alimenta, além de outras coisas, de flores da família do lírio. Em vez de comer a folha inteira, eles escavam o solo ao redor do caule e só comem uma parte dele. Depois, cobrem-no de novo para aproveitar o alimento no ano seguinte. A habilidade de planejar o futuro é uma possível indicação de consciência.

Fonte: Watson, L. (2004). *The Whole Hog*. Profile Books Ltd.

dores, que utilizam canos de ferro para forçá-los a entrar na correia transportadora[53]. Assim como a vaca, o porco leva choques como forma de pré-abate mais "humano". Isso nem sempre deixa o animal inconsciente, apenas lhe causa paralisia e dor. Depois do choque, eles são pendurados, com uma pata traseira presa por correntes. O abatedor então corta-lhe o pescoço com uma faca e deixa o sangue jorrar dentro de grandes tanques. Então o animal é posto em água fervendo para ser esfolado e a pele totalmente retirada. Finalmente, vai para a mesa de corte, onde lhe retiram as vísceras e a carne é cortada[54].

e. Criação de patos e gansos

O *foie gras*, o famoso patê francês, é feito com fígado de ganso ou pato. Um quilo de patê chega a custar 1.000 reais[55]. Apesar de ser uma iguaria refinada e cara, o método de produzi-la conta com o bárbaro sofrimento do animal. *Foie gras* — em português, fígado gordo — resulta da alimentação forçada de patos e gansos.

 Cerca de 10 milhões de gansos e patos são sacrificados todo ano no mundo para produzir 10 mil toneladas de *foie gras*[56].

Os animais são postos em gaiolas pequenas e forçados a comer através de um tubo de metal ou de plástico colocado diretamente na garganta e conectado a um sistema de pressão que fica injetando alimento. A pressão é tão forte que, às vezes, chega a romper órgãos internos do animal e a causar dor, impedindo-os de ficar em pé e andar. Os patos são submetidos ao procedimento duas vezes por dia por duas semanas; em gansos, ocorre até quatro vezes por dia em 28 dias. No final desse regime alimentar, o fígado do animal fica oito a 10 vezes maior do que o de um animal normal[57].

Apesar de o mercado brasileiro ser pequeno comparado a países como França e China, a venda de carne de pato e marrecos tem crescido entre 5% e 10% ao ano no país[58]. Consumir esses animais tornou-se mais comum no Brasil, e hoje pode-se encontrá-los em grandes supermercados. Uma das maiores produtoras de *foie gras de canard* (patê de pato) da América Latina, a Villa Germânia, está localizada em Santa Catarina. A empresa, que começou a funcionar em 1995, é especializada na produção de carne de pato, marreco e coelho. Enquanto o Brasil aumenta a produção desse tipo de produto, outros países como Inglaterra, Áustria, Alemanha e Israel já se conscientizaram do método cruel utilizado para a produção do *foie gras* e baniram a prática[59].

3. Reflexão sobre as fazendas-fábricas

Esses dados sobre a indústria da carne servem para mostrar a que ponto chegamos e para divulgar o que ocorre. Como podemos tratar os animais com tanta crueldade? Quem teria coragem de levar uma criança a um abatedouro? Pior ainda, a maioria dos consumidores ignora completamente o assunto. A indústria de alimentos se empenha para mantê-los assim e promover métodos "menos dolorosos" para o abate de animais. Mas a realidade é bem diferente.

Vários filósofos que estudam o bem-estar dos animais, como David DeGrazia, acreditam que as fazendas-fábricas são imorais. Primeiro, porque causam enorme sofrimento aos animais. Segundo, porque são desnecessárias. O homem não precisa se alimentar de carne (incluindo aves etc.) para sobreviver ou para ser saudável. Há provas inegáveis dos benefícios de uma dieta vegetariana (mais informações no Capítulo XVII). Come-se carne por prazer e conveniência, já que adotar uma dieta vegetariana requer um pouco de trabalho e adaptação, o que não justifica o sacrifício dos animais. Assim, pode-se afirmar que as fazendas-fábricas causam *enorme* e *desnecessário* sofrimento aos animais. Isto não está correto. Animais sencientes têm direito elementar ao bem-estar, à liberdade e à vida. As fazendas-fábricas violam estes direitos, o que é inaceitável.

Como se não bastasse o sofrimento dos animais, as fazendas-fábricas são prejudiciais ao meio ambiente. Elas consomem quantidades excessivas de água, energia, causam desmatamento, poluição do ar, perda de terra arável e de terrenos férteis, destruição do hábitat de várias espécies e poluição da água por meio do estrume de animais, de pesticidas e diversos produtos químicos[60].

Por causa do grande número de animais confinados em pequenos espaços, sujeitos a doenças pelas condições precárias de vida, os fazendeiros recorrem a grandes quantidades de pesticida e antibióticos, contaminando de forma irreversível a carne a ser consumida, cuja ingestão é prejudicial à saúde do homem. A Organização Mundial de Saúde e a Associação Americana de Medicina publicaram relatórios com a recomendação de suspender o uso de antibióticos em animais[61]. Mas isso só será possível quando houver mais espaço nas fazendas, os animais forem tratados com dignidade e quando pressionarmos as grandes corporações a mudarem suas práticas.

Para entender até que ponto pode chegar a ganância dos grandes produtores de carne (e a indústria farmacêutica), basta olhar para as pessoas que trabalham nas fazendas e matadouros. As empresas tratam os animais e os empregados como unidades econômicas e meras fontes de renda. Não como seres vivos. O desdém pelo bem-estar do animal é o mesmo dispensado a seus próprios empregados. Os responsáveis pela criação e abate de animais recebem baixíssimos salários e estão expostos a acidentes.

Pesquisa

Um estudo feito pela Universidade de Melbourne, na Austrália, concluiu que 70% dos trabalhadores em criadouros de galinha sofrem de dor crônica no olho, 30% de tosse e 15% de asma e bronquite crônica[1]. Outro estudo, realizado em 2004 por pesquisadores nos Estados Unidos, Suécia, Canadá, Países Baixos e Dinamarca, concluiu que cerca de 50% dos empregados da indústria de suínos sofriam de um ou mais dos seguintes sintomas: bronquite, asma ocupacional, síndrome de disfunção reativa das vias aéreas, síndrome de hipersensibilidade à poeira orgânica e irritação crônica das mucosas ou intoxicação por sulfato de hidrogênio[2].

Fonte 1: Singer, P. (2002). *Animal Liberation*. Nova York: Harper Collins Publishers (3 ed.).

Fonte 2: Schlosser, E. (2001). *Fast Food Nation, The Dark Side of the All-American Meal*. Nova York: Houghton Mifflin Company.

Nos Estados Unidos, o número de acidentes de trabalhadores em um abatedouro moderno é três vezes maior do que em uma fábrica americana comum[62]. Além disso, os empregados trabalham aproximadamente 50 a 60 horas por semana em lugares fechados, expostos a produtos químicos perigosos usados nas fazendas como pesticidas e amônia; a bactérias, fungos e gases produzidos pelas fezes dos animais; a sulfato de hidrogênio; a doenças; e a animais mortos[63]. A poeira nas fazendas-fábricas é considerada uma nuvem de alergênicos, composta de fezes de insetos, de mamíferos e aves, partículas de pele e pelo animal, pólen, antibióticos, componentes de ração e pesticidas[64]. A obsessão pelo mercado livre e o ganho financeiro no século XXI têm levado à desvalorização da vida, seja ela humana ou não. É importante não só reconhcer o direito dos animais, mas mudar a atitude do homem desse século, baseada tão fortemente no lucro rápido.

Quando um homem atira em outro, um se torna criminoso e o outro, a vítima. Quando prisioneiros de guerra são torturados nas prisões, milhares de pessoas se revoltam e protestam em nome da Declaração dos Direitos Humanos. Milhares de animais conscientes e sensíveis são torturados e mortos todos os dias, mas não há criminoso, vítima, culpa ou remorso. Na verdade, ninguém pensa no ato que se está cometendo. Quem se rebela em nome da Declaração Universal dos Direitos dos Animais, por exemplo, é, muitas vezes, ridicularizado. É difícil ser minoria e viver uma vida diferente. Os protetores de animais são vítimas de grandes preconceitos, mas a conscientização é um caminho sem volta.

Quando se tem conhecimento da crueldade sofrida pelos animais, como em fazendas-fábricas, é praticamente impossível não mudar o nosso modo de agir.

Não se trata de caridade ajudar os animais, e sim de responsabilidade social. Temos sempre que nos perguntar: O que será de nosso futuro se continuarmos a agir assim? É esse o ambiente no qual queremos que nossos filhos cresçam? Esquecemos a parte ética de nossa humanidade. A compaixão é o que nos faz humanos, mas a cada dia ela dá lugar à ganância e ao egoísmo. Será que os seres "humanos" não têm limite?

VI.

A SITUAÇÃO ATUAL DOS ANIMAIS MARINHOS

"Os animais do mundo existem para seus próprios
propósitos. Não foram feitos para os seres
humanos, do mesmo modo que os negros não
foram feitos para os brancos, nem as mulheres
para os homens."

Alice Walker

1. Curiosidades sobre os golfinhos

OS GOLFINHOS SÃO ANIMAIS EXTREMAMENTE inteligentes,
carinhosos e dóceis. Cientistas do Centro de Estudos de Roatan, em Honduras, estudam há mais de 15
anos o seu comportamento e nível de aprendizado. Eles
afirmam que os golfinhos, especialmente os do tipo nariz
de garrafa, respondem muito bem ao estímulo humano
e aprendem como as crianças, por meio de tarefas, elogios
e incentivos que os estimulam. Na reserva em Honduras,
os golfinhos já sabem identificar o treinador e até o balde de comida pela cor[65].

O professor de psicologia da Universidade do Havaí,
nos Estados Unidos, Louis M. Herman, estuda o compor-

tamento de golfinhos nariz de garrafa e de baleias há mais de 30 anos e já publicou mais de 100 artigos científicos sobre o assunto. Hoje seu trabalho revela que os golfinhos são capazes de entender a estrutura das frases, assim como as regras de semântica. Eles entendem corretamente o significado de frases nas quais a ordem das palavras foi trocada, respondendo a comandos diferentes como "Traga a prancha de surfe a essa pessoa" e "Traga essa pessoa à prancha de surfe". Em seus estudos, Herman também descobriu que eles assistem à televisão e respondem às imagens, e conseguem entender que as imagens da televisão não são parte do mundo real. Um dos testes feitos foi o treinador jogar uma bola para o ar e pedir que o golfinho fizesse o mesmo. Estando a bola na televisão, o golfinho não tentou pegá-la, mas procurou a bola de verdade. Além de tudo isso, eles mostram ter consciência da própria existência[66].

2. A caça dos golfinhos

Na cidade de Taiji, no sul do Japão, todos os anos de março a outubro, golfinhos, incluindo filhotes, são mortos cruelmente para que sua carne seja enlatada e vendida em supermercados ou restaurantes. A organização ambiental Sea Shepard conseguiu filmar o horror sofrido pelos golfinhos ao serem mortos por pescadores. Durante a caçada, pescadores colocam na água um aparelho que produz ondas sonoras, confundindo os animais, que, desorientados, acabam encurralados em pequenas enseadas, em que são mortos com golpes de lança ou machados. As fotografias divulgadas pela Sea Shepard em 2003 ganharam páginas nos jornais do mundo, e a campanha contra essa atividade cresceu a ponto de jornalistas serem proibidos pelas autoridades locais de Taiji de filmar ou tirar fotos da matança dos golfinhos. Infelizmente, apesar do contínuo esforço da Sea Shepard e da atenção da mídia aos massacres, as caçadas continuam. Cidades marítimas do sul do Japão matam em média 22 mil golfinhos e baleias de pequeno porte por ano. As caçadas não são proibidas no país e não estão sujeitas à regulamentação internacional por serem feitas perto da costa japonesa[67].

A caça de golfinhos no Brasil é proibida, apesar de ocasionais ocorrências. Outro problema que afeta esses animais são as redes fixas, colocadas ilegalmente por pescadores nos litorais. Cerca de 25% do que é capturado nas redes de pesca (como tartarugas, golfinhos e outras vidas marinhas) é considerado lixo pelos pescadores[68]. Segundo a ONG *Wildlife Defenders* (Defensores de Animais Selvagens), desde 1950 cerca de 7 milhões de golfinhos foram mortos no leste do Oceano Pacífico vítimas das redes[69]. Um número maior que a população da cidade do Rio de Janeiro, de cerca de 6 milhões de habitantes[70]. A matança atinge essas proporções em decorrência do hábito dos cardumes de albacora ou atum-amarelo de nadar junto aos golfinhos. Os pescadores, ao verem os golfinhos, sabem que embaixo deles estão as albacoras, e jogam as redes para pescá-las. Os golfinhos acabam machucados ou morrem afogados[71]. Segundo ambientalistas da ONG World Wildlife Fund (Fundo Mundial para a Natureza), o *bycatch* (pesca não seletiva que consiste na captura de uma espécie quando se tenta apanhar outras) é a maior ameaça à sobrevivência das cerca de 80 espécies de cetáceos existentes no planeta. Calcula-se que mais de 300 mil baleias, golfinhos e botos morrem todos os anos vítimas das redes de pesca[72].

3. Curiosidades sobre as baleias

Outro animal marinho que tem sua história marcada pela perseguição humana são as baleias. Assim como os golfinhos, são animais inteligentes, brincalhões, sociáveis, com uma grande capacidade de memória e uma linguagem sofisticada. A baleia-corcunda (*Megaptera novaengliae*) é capaz de compor e cantar. O macho da espécie chega a cantar por 30 minutos cortejando fêmeas. A maioria das outras espécies também produzem uma vasta gama de sons capazes de atravessar centenas de quilômetros. Acredita-se que os sons servem para que comunidades de baleias saibam onde estão seus membros e o que fazem[73].

4. A caça das baleias no Brasil

No Brasil, a caça às baleias começou em 1776 no sul de Santa Catarina. As mais visadas eram as baleias-francas, por serem grandes, lentas e nadarem perto da costa. Depois de arpoadas e retalhadas, a gordura do animal era derretida em grandes caldeiras e usada como óleo para iluminar as cidades. A exploração foi tão grande que, em

1920, tornaram-se raras. Nos anos 1930, tratados internacionais foram assinados para a proteção das baleias. Mesmo assim o Brasil continuou a caçá-las até 1973, quando foi considerada extinta. Em 1981, pescadores começaram a relatar o seu reaparecimento. Em 1982, foi registrado o primeiro caso de uma baleia-franca fêmea com filhote, desde a espécie ter sido dada como extinta. Finalmente, em 1999, o governo federal anunciou a criação da primeira reserva de proteção às baleias no Brasil. A Área de Preservação Ambiental da Baleia-franca (APA), em Santa Catarina, é formada por 135 mil hectares que se estendem entre Florianópolis até o Cabo de Santa Marta, em Laguna[74]. Apesar dos esforços dos ambientalistas e das leis de proteção, muitas ainda são caçadas ilegalmente ou morrem por causa de mudanças no seu hábitat natural. Da Lista Nacional das Espécies da Fauna Brasileira Ameaçadas de Extinção, publicada pelo Ministério do Meio Ambiente, podemos contar com a baleia-franca, baleia-sei, baleia-azul, baleia-fin e baleia-jubarte[75].

No Brasil, a Lei nº 7.643/87 proíbe a caça de baleias na costa, pois cinco das nove espécies que a visitam estão ameaçadas de extinção. Infelizmente, essa lei não é suficiente para protegê-las. Elas não ficam só na costa brasileira, mas viajam todo ano, por quatro meses, para atravessar o Atlântico, fugindo dos mares austrais.

Em resposta a esse problema, existe uma proposta brasileira para a criação de um santuário no Atlântico Sul, que iria da linha do equador até o limite dos 40° de latitude sul, encontrando o santuário da Antártida[76]. A proposta já foi votada quatro vezes pela Comissão Internacional da Baleia. A última votação foi em julho de

5. A caça das focas no Canadá

Além das baleias e dos golfinhos, a foca, um animal manso e carismático, também está sendo caçada no Canadá para fins lucrativos e esportistas. O governo canadense autorizou a caça de 325 mil focas em 2006 alegando que o animal não está em extinção e que ajudará pescadores locais. Segundo a indústria de pesca, as focas se alimentam de peixes, prejudicando a atividade pesqueira. Os ambientalistas afirmam que na verdade não são as focas que estão acabando com os peixes, e sim a própria indústria, que pratica a pesca excessiva. O governo canadense não deu nenhuma explicação quanto aos direitos desse animal, seu sofrimento, como também não apresentou ao público nenhuma prova científica que comprove que essa matança não afetará a população das focas. Ambientalistas e organizações de defesa dos animais de várias partes do mundo discordam que existe uma abundância de focas e já organizaram protestos para defender-lhe a vida[78]. Além de tudo, o governo ainda subsidia a prática com fundos que chegam a 20 milhões de dólares desde 1995[79]. É bom lembrar que esse genocídio é praticado há dezenas de anos no Canadá. As focas são mortas com um golpe de garrote na cabeça. Seus pênis são usados em produtos afrodisíacos asiáticos, seu óleo, em suplementos nutricionais, sua carne, como alimento e sua pele, para casacos. A matança inclui filhotes que são mortos a partir de 12 dias. Esses bichinhos inofensivos ainda dependem da mãe e muitos ainda nem sabem nadar.

6. A caça de tubarões

Os tubarões também sofrem com a pesca predatória, por causa do crescente interesse do consumidor por suas barbatanas, usadas nos países asiáticos para fazer sopa. No mercado internacional, o quilo da barbatana de tubarão chega a 50 mil dólares[80]. Os pescadores cortam a barbatana dos tubarões e os atiram de volta ao mar. Sem elas, eles não podem nadar e consequentemente morrem. Segundo a *World Conservation Union* (União Mundial de Conservação da Natureza), o problema é bem mais sério do que se imaginava, haja vista a diminuição do número de tubarões no mundo inteiro. Em 2007 mais espécies de tubarões foram acrescentadas à Lista Vermelha da organização. As arraias sofrem o mesmo processo. Cerca de 20% das 547 espécies de tubarões e raias incluídos na Lista Vermelha estão ameaçadas[81].

Para piorar a situação e a imagem negativa do animal, o ataque de tubarões no Brasil tem aumentado na última década. Não são causados pela "maldade" e "voracidade" do animal, como pensam as pessoas, e sim pela devastação de seu hábitat natural. A ocupação desordenada da costa, a poluição humana, a pesca predatória que limita a sua alimentação e as modificações de cursos de rios da região litorânea, eliminando lugares usados por eles para maternidade e berçário, os forçam a procurar novo hábitat nas costas.

Em vez de planejar melhor e criar reservas, as autoridades sacrificam em média 6,9 milhões de tubarões para cada homem morto por um tubarão[82]. O biólogo marinho Marcelo Szpilman, criador do Projeto Tubarões no Brasil (Protuba), afirma que das 400 espécies mundiais de tubarões somente três são realmente perigosas. Segundo ele, os tubarões têm medo dos seres humanos e em 90% das vezes que atacam uma pessoa é por engano de identificação, já que se alimentam de outros peixes. O biólogo afirma que, além de serem importantes no equilíbrio da cadeia alimentar, os tubarões controlam a saúde do ambiente quando comem animais mortos, evitando a proliferação de micro-organismos[83].

7. A pesca excessiva de peixes e crustáceos

Segundo o Programa das Nações Unidas para o Meio Ambiente, nossos oceanos estão morrendo por falta de oxigênio. Cento e cinquenta zonas entre mares e oceanos do mundo são hoje consideradas "zonas mortas", pois não há nenhum tipo de vida nelas. Isso ocorre devido à contaminação de fertilizantes agrícolas e à poluição industrial, que chega a atingir 70 mil quilômetros quadrados em algumas áreas. As zonas mortas incluem áreas no mar Báltico, mar Negro, mar Adriático, golfo do México e nos oceanos que banham a América Latina, China, Japão, sudeste da Austrália e Nova Zelândia. O relatório, chamado "Dimensão Ambiental da Água, do Saneamento e das Instalações Humanas", apresentado no Fórum Mundial Ministerial do Ambiente na Coréia, conclui que os governos mundiais precisam prestar mais atenção a esse problema[84]. Os peixes mais rápidos conseguem fugir a tempo dos oceanos que estão morrendo, refugiando-se em outras áreas. Os mais lentos, como as lagostas e os caracóis do mar, acabam morrendo.

Além de peixes, o lixo jogado no mar mata 1 milhão de pássaros que se alimentam desses peixes e 100 mil mamíferos e tartarugas marinhas por ano.

O problema se expande com a pesca excessiva por meio de técnicas modernas e com o aumento da demanda do produto marinho. O estoque de peixes no mundo tem diminuído porque sua reprodução não acompanha o ritmo da pesca. Estima-se que atualmente haja 4 milhões de barcos pesqueiros no mundo, o dobro do necessário para a pesca sustentável. Além disso, o subsídio à indústria pesqueira chega a 25 bilhões de dólares. Apenas 0,01% dos oceanos está interditado para a atividade pesqueira[85]. Segundo o Banco Mundial, a população de mais de 20 espécies de peixes e crustáceos diminuiu consideravelmente nos últimos anos. Desde o começo da pesca industrial, há menos de 100 anos, 90% dos peixes de grande porte foram banidos dos oceanos e estima-se que a pesca industrial ponha em risco a sobrevivência de um terço das espécies marinhas[86]. Existem cada vez menos peixes grandes como o marlim e o peixe-espada. Além disso, outros peixes de importância comercial, como o

> ### Curiosidade
>
> Pesquisas apontam que os peixes têm a capacidade de aprender tarefas complexas, de lembrar de, no mínimo, 40 indivíduos diferentes e de analisar seu próprio tamanho e a capacidade de decidir se devem entrar numa briga ou não.
>
> Fonte: Sneddon, L. "Can animals feel pain?" *Wellcome Trust*. Acessado em 13 de maio de 2007. http://www.wellcome.ac.uk/en/pain/microsite/culture2.html

atum e o bacalhau, hoje são muito menores que seus ancestrais e muitas vezes não têm a chance de se reproduzir[87].

Enquanto diminui a quantidade de peixes nos mares, a criação em fazendas aumenta. Calcula-se que um terço dos peixes seja, hoje, criado em cativeiro[88]. Assim como nas fazendas-fábricas, os cativeiros são superlotados e os peixes são alimentados com hormônios para aumentar de tamanho e antibióticos para prevenir doenças[89].

a. A queda do estoque de bacalhau

Em maio de 2004, a World Wildlife Fund advertiu para a escassez do bacalhau, cuja pesca nos últimos 30 anos sofreu um aumento de 70%. Mantida essa tendência, o estoque mundial de bacalhau acabará em 15 anos[90]. Em 2007, o *Conselho Internacional para a Exploração do Mar* (Ciem), grupo que reúne cerca de 1.600 cientistas de 19 países, alertou a Comissão Europeia pela quarta vez de que não há sinais de recuperação dos estoques de bacalhau na zona do mar do Norte, no mar da Irlanda e nas águas a oeste da Escócia[91]. A espécie está desaparecendo por causa da expansão da pesca, do desenvolvimento industrial e da pesca ilegal. Os cientistas alertam que se proíba totalmente a captura de bacalhau nos mares do Norte e de Barent, onde se concentra a maior quantidade de peixe. Mas as autoridades russas e norueguesas que administram essas regiões ignoram, por interesses financeiros, a situação[92].

b. A criação de camarão em cativeiro

Nos últimos anos, a pesca de camarões no Brasil cresceu 50% ao ano. A Associação Brasileira dos Criadores de Camarão tem como objetivo produzir o equivalente a 1,5 bilhão de dólares em 2010, levando o Brasil a ser o maior produtor de camarões do mundo. Segundo uma pesquisa da Environmental Justice Foundation (Fundação para a Justiça Ambiental) feita em 2004, esse crescimento rápido e insustentável pode se tornar devastador para a costa onde estão as fazendas de criação. As regiões mais afetadas estão no Nordeste, principalmente no Ceará. Os produtos químicos usados nessas criações, além dos danos causados ao meio ambiente, provocam doenças e destroem as condições de criação das fazendas marítimas. A duração média das fazendas submetidas a tais condições não ultrapassa cinco anos. Outros tipos de pesca que também dependem dos manguezais onde elas estão instaladas correm o risco de extinção, o que dificulta a sobrevivência dos pescadores. Se não houver um acordo entre o governo e a indústria para controlar o crescimento e a manutenção dessas fazendas de maneira sustentável, a criação de camarão no Brasil pode deflagrar uma crise ambiental em várias regiões[93].

8. Reflexões sobre a caça de animais marinhos e a criação e pesca de peixes e crustáceos

A caça de animais marinhos vertebrados é imoral, se aplicarmos o mesmo conceito filosófico apresentado no Capítulo III. Animais sencientes têm direito a não sofrer. A pesca insustentável dos invertebrados também coloca em risco outros animais e devasta o meio ambiente. A Organização Mundial de Preservação (Icun) publicou, em 2003, a obra *Dolphins, Whales and Porpoises: 2002-2010 Conservation Act Plan for the World's Cetaceans* (Golfinhos, baleias e botos: 2002-2010 plano de conservação para os cetáceos do mundo). Nela, os cientistas afirmam que algumas espécies de golfinhos, baleias e botos podem desaparecer nos próximos 10 anos[94]. No Dia Mundial do Meio Ambiente (5 de junho em 2004), o secretário-geral das Nações Unidas, Kofi Annan, disse que a contínua diminuição de peixes e a degradação da vida marinha provam que leis, tratados e outros esforços internacionais não estão sendo implementados e respeitados como deveriam. Acrescentou que 11,5% do total da terra do mundo está protegido, mas que apenas 0,5% de todos os oceanos tem a mesma proteção. Pediu, então, que todos os governos, empresários e indivíduos se conscientizassem e se empenhassem em salvar nossos oceanos[95].

Algumas medidas têm sido tomadas para enfrentar o problema. Em 1993, a Comissão Baleeira Internacional (CBI), formada por 49 países, impôs uma moratória à caça comercial, pois várias espécies estavam em perigo de extinção. Outros países como a Noruega, o Japão e a

Islândia ignoraram a decisão e continuaram a caçar baleias. O argumento sempre usado por esses governos é de que a caça científica com objetivo de pesquisas é fundamental para o desenvolvimento do país, mas a realidade é bem diferente. A carne desses animais acaba sendo vendida em supermercados.

Em junho de 2003, a Comissão se reuniu mais uma vez para debater a regulamentação da caça nos oceanos. Nessa ocasião, ficou estabelecida a proibição da caça científica a cetáceos. Os governos brasileiro, australiano, argentino e neozelandês decidiram implementar a resolução, que não tem caráter vinculador mas é uma grande vitória ambientalista. Baseando-se nessa decisão, grupos ambientalistas podem monitorar e denunciar países que ainda liberam a caça[96]. Em 2004 a Comissão concordou em prorrogar por 10 anos as normas de proteção vigentes no santuário de cetáceos da Antártida[97]. A pressão feita por grupos ambientalistas é fundamental para a sobrevivência de certas espécies de baleias. Segundo o Internacional Fund for Animal Welfare (Fundo Internacional para o Bem-Estar dos Animais), a ameaça às baleias é a mais grave em 15 anos, e esses países precisam banir a caça imediatamente[98].

Várias ONGs também têm se mobilizado, recebendo apoio do público na luta pelos mares. O Fundo Mundial para a Natureza teve uma ideia brilhante ao criar em maio de 2004, com a cooperação de outros grupos ambientalistas, cientistas e pescadores, um concurso para o desenvolvimento de equipamentos mais eficazes na pesca de determinados peixes sem capturar outras vidas marinhas. A competição foi um sucesso e agora é realizada todos os anos. O vencedor de 2007 ganhou 30 mil dólares. Três tipos de equipamentos podem concorrer: aqueles que reduzam a possibilidade de tartarugas serem pegas por acidente, os que diminuem a possibilidade de golfinhos serem atingidos por acaso e aqueles que reduzem a captura de outros animais marinhos. O equipamento tem que ser prático e de custo baixo, para que o pescador tenha lucro com seu trabalho[99]. Já existem soluções para combater o *bycatch*, como a colocação de alertas acústicos nas redes, que permitam que os mamíferos marinhos evitem tais armadilhas, e uso de redes feitas de material biodegradável como, por exemplo, o cordonê, uma espécie de algodão que se decompõe rápido e libera a vida marinha presa e esquecida pelos pescadores em redes. Esse tipo de campanha é simples, inovativa e eficaz na luta pelos direitos dos animais e conservação do meio ambiente. Mesmo assim, ainda são necessárias ação individual e vontade política para combater este problema de escala global.

> ### Estudo alarmante
>
> Uma pesquisa realizada pela União Mundial para a Natureza (IUCN) e divulgada em 2007 em Genebra, Suíça, alerta que quase 40% das espécies de peixe de água doce na Europa estão ameaçadas de extinção.
>
> Fonte: *Handbook of European Freshwater Fishers*. (2007). World Conservation Union (IUCN).

Em termos da atividade pesqueira, a tendência do problema é piorar. Atualmente, 50% da população mundial vive a 60 quilômetros da costa. Em 2008, a previsão é de 6,7 bilhões de habitantes, com 3,4 bilhões vivendo perto dela, o que significa que a pesca, a poluição e a contaminação humana nos oceanos vão aumentar[100].

O World Wildlife Fund propõe uma solução imediata: transformar um terço dos oceanos em reservas marinhas. Segundo a organização, manter tais reservas custaria aos governos até 14 bilhões de dólares por ano. Esse número é menor do que os atuais subsídios governamentais para a pesca, que estão entre 15 e 30 bilhões de dólares por ano[101].

Outra maneira de ajudar esse processo é diminuir o consumo de peixe. O Banco Mundial, por exemplo, parou de servir em todas as suas cafeterias e restaurantes seis espécies de peixes ameaçados de extinção. Entre eles estão o peixe-espada, o tubarão, o marlim, o bacalhau de profundidade (conhecido como merluza-negra), o agulhão-bandeira e o olho-de-vidro-laranja. O Banco desenvolveu um projeto para só servir peixes e frutos do mar que são caçados de maneira sustentável e não sofrem risco de extinção. O objetivo é alertar e educar funcionários e clientes para o perigo da pesca excessiva. Os organizadores do projeto acreditam que o consumidor tem nas mãos o poder de escolher alimentos que não prejudicam o equilíbrio do meio ambiente[102].

VII.

VIVISSEÇÃO — O PESADELO DOS LABORATÓRIOS

> "Não estou interessado em saber se a vivisseção produz ou não resultados lucrativos para a raça humana. A dor que ela inflige aos animais à sua revelia é a base da minha inimizade contra ela, e isso é justificativa suficiente para a minha inimizade, sem mais considerações."
>
> *Mark Twain*

1. O uso de animais como cobaias

EM SEU LIVRO *ANIMAL LIBERATION* (Libertação animal), Peter Singer descreve as atividades do respeitado psicólogo norte-americano Harry Harlow, que conduziu pesquisas com primatas entre os anos 1950 e 1970. O objetivo da pesquisa era investigar o relacionamento entre bebês e mães e como este afetaria o desenvolvimento e a vida desses bebês. Para isso, o pesquisador utilizou macacos-bebês que foram criados no laboratório em total isolamento. Para estudar seu comportamento, os bebês foram expostos a várias "mães" artificiais. Essas eram feitas de pano ou arame, algumas facilmente expostas, outras dentro de caixas, não deixando os bebês tocá-las. Algumas "mães" mecânicas balançavam os bebês com força extrema, outras os jogavam no chão, algumas tinham espetos que saíam de seu corpo e machucavam o bebê quando este tentava se aproximar e outras emitiam uma forte corrente de ar comprimido. Apesar de rejeitados, eles continuavam a tentar se aproximar da "mãe". Frustrados e sem carinho, os bebês apresentaram comportamentos neuróticos como bater a cabeça e outros tiques nervosos. Mas tarde, ainda como parte do experimento, Harlow isolou e inseminou os bebês fêmeas que tinham se tornado adultos. Quando os filhos nasceram, elas, que haviam sido traumatizadas a vida toda, imitaram o comportamento de suas "mães" mecânicas, espancando os filhos, ignorando-os completamente ou até matando-os. A pesquisa teve resultado importante no relacionamento de mães e filhos, mas não provou nada novo. Apenas confirmou os trabalhos feitos por John Bowlby, outro psicólogo que tinha conduzido o estudo em crianças. Em vez de submeter animais a esse sofrimento, ele estudou crianças órfãs, refugiadas de guerra e internadas em instituições.

Atualmente cães, gatos, macacos, ratos, coelhos e muitos outros animais são utilizados em experiências científicas na área de genética, estética e na pesquisa de novos remédios, tratamentos e vacinas, e em escolas, universidades e centros de pesquisa.

 Calcula-se que hoje morrem entre 70 e 100 milhões de animais em laboratórios — 30% deles para testes de cosméticos[103].

Na Itália, 905 mil animais são sujeitos a experimentos cruéis todos os anos[104]. Em Portugal, o número oficial é de 40 mil por ano. Na Grã-Bretanha, só em 2005 esse número chegou a 2,9 milhões[105]. O total na União Europeia chega a 11 milhões[106]. Nos Estados Unidos estima-se que o número chegue a 20 milhões[107]. Os fabricantes de cosméticos utilizam principalmente coelhos, ratos, porquinhos-da-índia e hamsters, enquanto os de medicamentos empregam animais de maior porte, como macacos e cães[108].

2. Exemplos de testes feitos em animais

Há mais de 30 anos a indústria de cosméticos e produtos de limpeza utiliza o teste Draize em animais para verificar o risco de infecção na pele e nos olhos de seres humanos. O teste, criado pelo cientista americano John Draize em 1944, consiste em colocar a solução ou substância sólida do cosmético que está sendo testado, em forma concentrada, nos olhos ou na pele dos animais. São observadas as reações causadas nos dias seguintes ao teste. Um dos animais mais utilizados é o coelho, por ser um animal barato, manso, e ter olhos grandes. Quando as substâncias químicas são colocadas em seus olhos, eles pulam, choram, se contorcem de dor e tentam sair da jaula. Para evitar que consigam esfregar os olhos e retirar as substâncias, eles são presos em compartimentos onde não podem se mexer, exceto a cabeça, única parte do corpo visível. Às vezes é necessário o uso de clipes de metal para que as pálpebras sejam forçadas a ficar abertas permanentemente. Durante esse processo, nenhuma anestesia é usada, e os coelhos muitas vezes acabam cegos. Depois desse período de observação e sofrimento, os animais são mortos, para que sejam também estudados os efeitos internos das substâncias testadas ou porque não vale a pena mantê-los vivos[109].

O teste Dose Letal de 50% (Lethal Dose 50) é utilizado em animais desde os anos 1920. Ele mede a toxina de ingredientes encontrados em produtos como detergente, pasta de dente, conservantes de alimentos e loções para o corpo. Os ingredientes são ingeridos pelos animais em alta dose através de um tubo enfiado no esôfago até o estômago. Os cientistas diminuem a dosagem progressivamente, durante um certo período de tempo, até que permaneçam vivos 50% dos animais. Quando esse número é atingido, os estudiosos podem determinar a dosagem segura para uso humano. O teste dura vários dias, durante os quais os animais sofrem dores, diarreia, convulsões e sangramento nos olhos e na boca. Os que conseguem sobreviver são mortos já que não têm mais valor científico[110].

Além da indústria de beleza, os animais servem de cobaia em vários outros tipos de experimentos. São utilizados na área de psicologia para testes de comportamento e de aprendizagem. É comum provocar medo no animal e deixá-lo estressado para estudar sua reação, como, por exemplo, colocá-lo isolado para estudar mudanças em seu comportamento ou usar choques elétricos como método de aprendizagem. Na área de testes de armas, animais são usados para testar a radiação de armas químicas e biológicas. Na área de aprendizado, eles são submetidos a cirurgias e outras experimentações[111].

3. Campanhas para a redução do uso de animais como cobaias

Mudanças nos métodos de experimentação começaram a ser exigidas por um movimento que se iniciou no final dos anos 1970, quando o conhecido defensor de animais Henry Spira e mais de 400 organizações de defesa do animal começaram uma campanha para que companhias de cosméticos como Revlon e Avon empregassem métodos que não sacrificassem animais. A campanha surtiu efeito, e vitórias foram obtidas nos anos 1980. Alguns laboratórios passaram a usar anestesia. Em 1989, a empresa Noxel, dona dos produtos de pele Noxema e da linha Cover Girl, anunciou que, em vez de animais para testes, usariam células e tecidos cultivados. Alguns anos depois, a Avon, a Revlon, a Christian Dior, a Elizabeth Arden, a Max Factor e outras grandes companhias americanas de cosméticos divulgaram que também iriam buscar soluções alternativas e eliminar testes em animais[112]. Em julho de 2007 a L'Oréal anunciou que depois de mais de 20 anos de pesquisa conseguira desenvolver uma técnica com pele artificial, a Episkin, que dispensa testes em animais para avaliar a segurança de produtos de beleza. A Episkin pode ser usada para simular idade avançada, diferentes raças de usuários, diferentes tipos de pele, e em alguns casos se mostrou mais precisa do que testes feitos em animais. Há também esperança de que a Episkin sirva para testar medicamentos[113].

Entre 1970 e 2003, o número de animais usados como cobaias para testes de cosméticos caiu pela metade nos Estados Unidos e na Inglaterra[114]. Outra grande

Curiosidade

Em 2003, cientistas descobriram que macacos-prego são capazes de compreender o que é injustiça. A pesquisa foi conduzida pela bióloga Sarah Brosnan, da Universidade Emory, em Atlanta, nos Estados Unidos, e pelo primatologista holandês Frans de Waal. Durante a pesquisa, os 15 cientistas colocaram duplas de fêmeas para trabalharem juntas. A tarefa era dar ao instrutor uma pedrinha. Em troca, recebiam uma rodela de pepino, alimento considerado bom pelo animal, ou uma uva, tida como deliciosa. Quando o instrutor dava uma uva para uma fêmea e um pepino para outra da dupla pela mesma tarefa, o comportamento da que recebia o pepino mudava. Ela se recusava a entregar a pedrinha ou a receber o pepino. A revolta era tão grande que, às vezes, a macaca jogava o pepino para fora da sala. Afinal, o mesmo prêmio deveria ser dado para o mesmo tipo de tarefa. Frans de Waal alega que o estudo pode servir de evidência de que os macacos-prego têm uma capacidade rudimentar de consciência, já que são capazes de reconhecer que o outro recebeu uma recompensa melhor pelo mesmo trabalho.

Fonte: Brosnan, S. F. & de Waal, F. B. M. (*2003*) "Monkeys reject unequal pay". *Nature*. 425: 297-299.

vitória do movimento iniciado nos anos 1970 foi a emenda da lei americana do Animal Welfare Act em 1985. A lei federal existia desde 1966, mas só em 1985 foi modificada, passando a conter diretrizes relacionadas ao tratamento de animais em laboratórios. Ela exige que, se o teste causa dor ou angústia no animal, devem ser usados analgésicos e tranquilizantes. Os pesquisadores em laboratório também devem consultar veterinários e procurar métodos alternativos no lugar de cobaias[115].

Em 1992, a Comunidade Europeia aprovou uma lei que obriga suas companhias a usar alternativas sempre que possível, e criou o Centro Europeu de Validação de Métodos, em Ispra, na Itália. Essa organização é encarregada de buscar testes que não dependam de animais[116]. Alemanha, Holanda e Checoslováquia já não permitem o uso de animais em testes para cosméticos. A Grã-Bretanha, além da área cosmética, estendeu a proibição aos testes em pesquisas relacionadas a tabaco e álcool. Também na Grã-Bretanha e Nova Zelândia estão proibidos testes em chimpanzés, gorilas, bonobos e orangotangos. A Índia proibiu a exportação de macacos para uso em laboratórios no Ocidente e a experimentação com animais em escolas é opcional para os estudantes[117].

4. Diversas opiniões entre grupos de defesa dos animais sobre o uso de cobaias

Há divergências entre os grupos de proteção ao animal em relação ao uso de animais em testes de laboratório. Alguns defendem a completa eliminação dessa prática, outros acreditam que ela deve ser permitida se as pesquisas forem bem regulamentadas e controladas. Outros ainda a aceitam em testes específicos para vacinas contra doenças como a Aids. De qualquer maneira, parece haver unanimidade no que diz respeito ao uso excessivo de animais como cobaias. O número de pesquisas deve ser diminuído e o bem-estar dos animais deve ser respeitado e considerado sempre que eles forem a única alternativa para os testes.

O grande filósofo norte-americano Tom Regan, uma das maiores autoridades em direito e ética dos animais, defende a abolição do uso deles em laboratório. Segundo Regan, eles são tratados como meros objetos, fontes renováveis ou modelos para testes. O valor do animal é relativo ao que ele pode oferecer à humanidade, e não se considera seu valor inato. Sua utilização em pesquisas hoje é institucionalizada, e cometemos um grave erro quando pensamos que os animais estão no mundo para nos servir. São feitas pesquisas de rotina com a intenção de lhes causar danos, como choques, queimaduras, deixá-los famintos, amputar partes do seu corpo, isolá-los, simplesmente para analisar os resultados e descobrir se pode haver algum benefício para o ser humano. Regan acredita que os animais não só existem no mundo, mas também sabem que o mundo existe. Eles têm consciência do que se passa ao seu redor e se importam com seu próprio bem-estar. Eles são alguém, e não alguma coisa[118].

Outros nomes importantes na luta para a libertação animal, como Peter Singer e Ray Frey, discordam da abolição do seu uso em testes de laboratório e defendem o padrão utilitário seguindo a linha do *Bem-Estar* dos animais em vez dos *Direitos* dos animais. Frey diz aceitar experimentos em que a soma total dos benefícios seja maior do que a dos danos causados. Esse padrão exige que se reconheça o bem-estar do animal e a realização somente de pesquisas em que se esperam resultados benéficos concretos[119]. Singer calcula que em geral o dano ao animal de laboratório, em termos de dor e sofrimento, é maior que o benefício da pesquisa. Por isso, para ele, a maioria das pesquisas é imoral. O argumento utilitário se baseia na situação e define a atitude a ser tomada em função do total de benefício comparado ao somatório de dor e angústia. Tom Regan discorda dessa teoria. Segundo ele, muitas práticas cometidas estão erradas independentemente de suas consequências. Assim, ele acredita que os animais devem ter direitos e serem protegidos independentemente da situação[120].

Em 1993, Elizabeth J. Fransworth e Judy Rosovsky publicaram "Ética no campo do estudo ecológico", na revista *Conservation Biology*. De acordo com as autoras da pesquisa, não são apenas grupos de defesa de animais que se preocupam com o bem-estar dos animais em laboratórios. Muitos cientistas também se sensibilizam, mas omitem sua opinião por diversas razões como: a preocupação de criar controvérsias e colocar em perigo as realizações de futuras pesquisas, a tendência de acreditar que o resultado da pesquisa e o conhecimento obtido compensarão o sofrimento do animal e a dificuldade do próprio cientista de se conscientizar do potencial negativo de sua pesquisa[121].

5. Soluções alternativas para experimentação sem animais

Vários testes alternativos já foram desenvolvidos, testes *in vitro* (realizados em tecidos e células vivas), uso de vegetais, simulações em computador, modelos matemáticos, estudos feitos em voluntários humanos, técnicas físico-químicas (como a tomografia), estudos microbiológicos e estudos em cadáveres. Células ou tecidos cultivados, por exemplo, podem ser utilizados em testes de sensibilização cutânea para detectar produtos que causam irritações, alergias e até doenças graves como o câncer[122].

Em termos de ensino, escolas e universidades podem se beneficiar de tecnologias modernas como a internet, multimídia, vídeos, simuladores mecânicos e realidade virtual. Os estudantes de veterinária, com o auxílio de uma supervisão, podem estudar operando animais doentes que necessitem de cirurgia ou de tratamento[123]. Existem milhares de animais de rua doentes e que precisam de ajuda médica. Também há os que têm dono que não pode pagar uma cirurgia ou tratamento.

No Brasil já existe o Projeto de Lei nº 1.691 de 2003 que propõe a proibição de qualquer experimento sem o emprego de anestesia, a obrigatoriedade de submeter as pesquisas que envolvam animais às comissões de ética, a proibição de experimentos com animais, quando já existirem meios alternativos à experimentação, e a determinação do direito de escusa de consciência à experimentação animal. Assim, estudantes, funcionários e professores não sofrerão sanção administrativa ao se recusarem a participar de experimentos que envolvam animais[124].

Em setembro de 2007 a Faculdade de Medicina do ABC (FMABC) se tornou pioneira na proibição do uso de qualquer animal vivo nas aulas de graduação. Apesar das alternativas como modelos em software serem caras, a escola já está adquirindo nova tecnologia e espera influenciar outras faculdades a fazer o mesmo[125].

6. Reflexão

A decisão de várias companhias de procurar alternativas para o uso de animais em testes e as novas leis de proteção sancionadas em diversos países foram passos importantes visando ao direito dos animais, mas ainda assim testes como o Draize e o Dose Letal de 50% continuam legais e são aplicados na América Latina, nos Estados Unidos e em outros países. Apesar de existirem vários métodos para experimentos sem animais, estes continuam sendo as principais cobaias, dado seu custo menor, e há pouco incentivo para as companhias farmacêuticas e químicas utilizarem outros testes ou procurarem novas alternativas.

Em virtude dessa mentalidade, faltam recursos para os pesquisadores na área de testes alternativos e eles ainda sofrem pressões das grandes companhias. Mesmo assim, o conflito entre a ética e a ciência pode ser bastante positivo ao incentivar a comunidade científica a investigar outros métodos de testes de laboratório. O movimento para os direitos dos animais também depende de cientistas pioneiros que não tenham medo de procurar alternativas. Afinal, elas representam a evolução da própria ciência. A ciência é dinâmica. É mera obrigação dos cientistas estar a par de novas tecnologias assim como constantemente questionar verdades. Professores, médicos, pesquisadores e estudantes devem sempre questionar, discutir, analisar e duvidar.

Também é importantíssimo não se esquecer da ética e da compaixão no campo de pesquisa. O que faz um médico ser bom não é apenas o seu conhecimento, mas também sua capacidade de interagir com o paciente e se sensibilizar com seus problemas. Ninguém gosta de ir a um médico insensível ou frio. A mesma teoria pode ser aplicada a cientistas de laboratório. A compaixão e a sensibilidade farão deles melhores pesquisadores.

Quando falamos sobre a vivisseção, a pergunta certa não é "O quanto as pesquisas com animais beneficiam a maioria da sociedade?", mas sim "O quanto as pesquisas *importantes,* e que *só possam* ser feitas em animais, beneficiam a maioria da sociedade?" Não só existem outros métodos de pesquisa como muitos cientistas acreditam que animais não são as melhores cobaias por serem diferentes de seres humanos. Pesquisas com animais *talvez* sejam benéficas, mas *com certeza* contam com o sofrimento deles. Assim, milhares de animais sofrem em função de nenhum benefício. Além disso, a relação custo-benefício não é necessariamente suficiente para justificar a experimentação em animais. A ética requer que experimentos em humanos sejam feitos com a permissão do indivíduo, que tem a capacidade de compreender os riscos envolvidos. Já os animais não têm como permitir ou rejeitar o experimento. Humanos muitas vezes aceitam tratamentos alternativos porque os benefícios podem ser maiores que os riscos ou porque não há outra solução. Esse tipo de raciocínio e consideração limita o poder de pesquisadores e médicos. Já no caso dos animais, não existem esses limites ou justificativas. Experimentos são feitos em animais com perfeita saúde, para *talvez* resultar em benefício humano, sem levar em consideração sua probabilidade de sucesso ou fracasso.

VIII.

ANIMAIS NA INDÚSTRIA
DO ENTRETENIMENTO

"A grandeza de uma nação pode ser julgada pelo modo com que seus animais são tratados."

Mahatma Gandhi

NÃO HÁ PROBLEMA EM JOGAR bola no parque com um cachorro, levá-lo como companhia durante um jogging, ensiná-lo a fazer truques para ganhar uma comidinha especial ou brincar de puxar uma meia velha com um gatinho. A conexão entre homens e animais é enorme, e eles podem ser companheiros divertidos, desde que a diversão seja para ambos. Animais só devem participar nas brincadeiras que possam se divertir. Mas esta regra moral está sendo violentada ao extremo, ora por ignorância do público, que não sabe realmente o que se passa, ora pelo sadismo do homem, que gosta de ver de perto o sofrimento do animal.

1. Zoológicos, circos e aquários são prisões para animais

Zoológicos, circos e aquários são prisões para animais e, portanto, não deveriam existir. Os animais podem ser observados em seu hábitat de forma controlada e sem interferência humana, conservando-o por meio da criação de reservas e esforços para a proteção ambiental. Só devem ser mantidos em cativeiro quando for para seu próprio bem, e não para o bem-estar e interesse dos homens. Hoje, a existência desses estabelecimentos é justificada para: (1) entretenimento, (2) educação, (3) pesquisa científica e (4) preservação de espécies.

Como será discutido neste capítulo, o entretenimento serve para o prazer humano e não animal, então é moralmente errado. Também a educação serve para benefício humano e pode ser adquirida por meio de outras vias que não zoos, circos e aquários. As pesquisas científicas são extremamente limitadas nessas instituições e não está claro o seu benefício aos animais. A preservação em alguns casos é importante. Para isso pode-se manter o que hoje é chamado de biopark ou "parque biológico". Como, por exemplo, o parque animal de San Diego na Califórnia. Esses são parques enormes onde os animais ficam soltos e as visitas são restritas. No entanto, os bioparks podem ser contados a dedo. É importante, então, que só haja instituições que claramente beneficiem os animais, não os humanos. Para isso, elas devem proporcionar aos animais uma vida melhor que teriam se vivessem livres (promovendo estímulos, espaço, segurança, interação com outros membros da espécie, atenção médica etc.). É extremamente difícil encontrar instituições que sejam aprovadas nesse teste.

a. A vida de animais de circo

O circo nasceu em 1770 na Inglaterra, e era especializado em cavalos. Em 1831 introduziram-se animais africanos no Cirque Olimpique de Paris. Mais tarde, o americano Isaac van Amburgh inventou o estilo do circo moderno, com apresentações como aquela em que o domador coloca a cabeça dentro da boca do leão. O "treinamento" dos animais era simples e pode ser comparado ao tratamento dado aos escravos: espancá-los até que ficassem totalmente submissos diante de um chicote.

A situação dos circos continua muito parecida. Os animais são forçados a andar de bicicleta, atravessar círculos de fogo e ficar de cabeça para baixo durante espetáculos. Para treinar piruetas, eles passam a vida inteira presos em jaulas sujas e apertadas e sendo maltratados. Levam uma vida miserável. São constantemente espancados, chicoteados, eletrocutados, e sofrem também abusos psicológicos. As jaulas são tão pequenas que eles desenvolvem, ao longo do tempo, sérios problemas psicológicos. Chegam a ficar batendo com a cabeça nas grades[126]. Tudo é feito para que sua vontade própria seja "quebrada" e ele passe a obedecer, perdendo o ânimo e o prazer pela vida. Mesmo os melhores circos não podem dar aos animais selvagens o que eles mais precisam: espaço suficiente. Além de que os circos passam grande parte

> **Curiosidade**
>
> Em seu hábitat leões têm a seu dispor um espaço médio entre 21 e 400 quilômetros quadrados para percorrer. Em circos o tamanho das jaulas varia entre 3 e 11 metros.
>
> Fonte: Grant, C. (2006). *The no-nonsense guide to animal rights*. New Internationalist Publications Ltd.

do tempo viajando de cidade em cidade com os animais confinados em espaços ainda menores para transporte.

b. Exemplos de treinamento dos animais de circo

Os elefantes estão acostumados a andar até 80 quilômetros por dia e a se cercar de outros elefantes. Nos circos, por causa de seu tamanho e força, eles permanecem o tempo todo acorrentados. Normalmente vivem tanto quanto nós, em média 70 anos, mas nos circos morrem cedo, por causa de doenças, estresse e solidão.

Para obedecer aos seus treinadores, tigres, leões e outros felinos são acorrentados pelo pescoço quando estão no pedestal para ter a sensação de estar sendo sufocados e permanecer mansos. Para não esquecer a dor, eles são chicoteados, queimados e espancados com barras de ferro diariamente. Para que o treinador se sinta mais seguro, as garras são arrancadas ou serradas[127].

> ### Curiosidade
>
> Os elefantes são inteligentes, sociáveis e sensíveis. Em seu hábitat natural, eles fazem amizades que duram a vida toda. Recentemente, pesquisadores descobriram que, assim como os papagaios, os elefantes também são capazes de reproduzir sons que os ajudam a se orientar.
>
> Fonte: Poole, J.H., P.L. Tyack, *et al.* (2005). Animal behaviour: Elephants are capable of vocal learning. *Nature* 434 (March 24):455-456.

A plateia vibra quando os ursos aparecem. Eles dançam e ficam sobre duas patas. Só que, para aprender a fazer isso, os treinadores os obrigam, durante o treinamento, a pisar em chapas de metal incandescente enquanto determinada música é tocada. Durante o espetáculo, o urso escuta a música, fica apavorado e começa a se mexer, dando a impressão de que está dançando. Assim como no caso dos felinos, muitas vezes suas garras também são extirpadas[128].

Nos circos pequenos e mais pobres a situação é ainda pior, pois faltam água, comida, higiene e atendimento veterinário. Quando ficam velhos, muitos dos animais são mortos, abandonados ou vendidos a laboratório para pesquisas. Centenas de chimpanzés passam o resto de seus dias em jaulas sendo infectados com vírus da Aids e de hepatite para testes de medicamento.

c. Reflexão sobre os circos

Somente em 1980 organizações de proteção ao animal começaram a documentar os maus-tratos, torturas, fome e negligência no tratamento de animais em circos. No Canadá, em 1982, surgiu o primeiro circo sem eles, o Cirque du Soleil, famoso no mundo inteiro[129]. Atualmente, há vários países em que os circos foram banidos como na Grã-Bretanha, Costa Rica, Finlândia e Cingapura. Em algumas cidades da Austrália, Grécia, Canadá, Estados Unidos e Colômbia, também é ilegal ter animais em circos. Na Índia, são proibidos ursos, macacos, tigres, panteras e leões. Na Suécia, a lista de proibição inclui ursos, gatos-selvagens, panteras, macacos, hipopótamos, girafas e rinocerontes. No Brasil, nas cidades de Atibaia, Avaré, Campinas, Cotia, Porto Alegre, Rio de Janeiro, São Leopoldo, Sorocaba e Ubatuba, não se encontram animais em circos[130].

Além do Cirque du Soleil, há mais circos no mundo que não trabalham mais com animais. Apresentam mímica, acrobacia, mágica e malabarismo, dança, música e teatro. No Brasil, o ator Marcos Frota criou o Marcos Frota Circo Show: Grande Circo Popular do Brasil. Em vez de animais, apresenta números com trapézio, evoluções acrobáticas em cordas e tecidos, malabaristas, cama elástica, contorcionismo, rituais de fogo, saltos, cômicos, ilusionismo e outros. Obteve muito sucesso e já atraiu mais de 1,5 milhão de pessoas[131]. Isso prova que é possível modernizar o circo, sem a presença de animais mas preservando a alegria das crianças e a tradição circense.

Os animais estão cansados de tantos maus-tratos, e com toda razão. Seu lugar não é a prisão. Está na hora de deixá-los em paz. Animais não são brinquedos e fontes de renda, e sim seres capazes de construir uma família, participar de sua comunidade, sentir prazer e sofrer. Não há o que justifique o uso de animais para fins lucrativos, nem tampouco sua existência em circos.

> ### Curiosidade
>
> Circos que não usam animais: Cirque du Soleil (mundial), 7 Fingers (Europa, Canadá e Estados Unidos), Bindlestiff Family Cirkus (Europa, Canadá e Estados Unidos), Cirque Éos (Europa, Canadá, Estados Unidos e México), Imperial Circus of China (mundial), New Shangai Circus (Europa, Estados Unidos e Ásia) e Russian American Kids Circus (mundial) e Grande Circo Popular do Brasil.
>
> Fonte: Animal Free Circuses Factsheet. *People for the Ethical Treatment of Animals.* Acessado em 22 de dezembro de 2003. http://www.circuses.com/AnimalFreeCircuses.pdf

d. Os objetivos dos aquários

Em teoria, aquários devem funcionar como centros de pesquisa, educação e conservação. Infelizmente, vários

MANIFESTO PELOS DIREITOS DOS ANIMAIS 81

são utilizados para fins lucrativos e entretenimento. Atualmente, a principal ameaça à vida marinha é a pesca em ritmo excessivo para o consumo humano. Entretanto, os aquários também contribuem grandemente para o fim dos recifes de corais. De 15 a 30 milhões de peixes tropicais e milhares de invertebrados, em pelo menos 45 países no mundo, são exibidos em aquários privados e públicos. O transporte desses animais e os métodos usados para capturá-los muitas vezes lhes causam sofrimento e morte[132]. Só na Grã-Bretanha, todo ano, 70% dos peixes provenientes de recifes de corais e transportados para aquários morrem logo no primeiro ano devido ao estresse e a doenças[133].

e. Pesquisa sobre o tratamento de animais em aquários ingleses

Em 2004, a Captive Animal's Protection Society (Sociedade Protetora de Animais em Cativeiro) da Grã-Bretanha publicou o resultado da maior investigação já feita sobre o tratamento de animais marinhos em aquários públicos no país. Estima-se que ali existam 40 mil animais em aquários públicos, dos quais mais de 20 mil são vertebrados. O relatório de 136 páginas recebeu apoio da Royal Society for the Prevention of Cruelty to Animals (Sociedade Real para a Prevenção da Crueldade com Animais). Ele revela que milhares de animais sofrem estresse, maus-tratos e doenças, sem nenhum tipo de tratamento. Os investigadores visitaram 55% de todos os aquários públicos do país. Em 74% deles, arraias, tubarões, peixes em geral, caranguejos e lulas tinham cicatrizes e outras deformações. Em 90% dos aquários vistoriados, os animais apresentavam comportamento anormal, sendo tratados de maneira incorreta, não só por funcionários como por visitantes[134].

O relatório também acusou os aquários de promover uma falsa verdade sobre sua missão. Muitos deles alegam que seu trabalho tem como finalidade a conservação das espécies sob ameaça de extinção. Mas, segundo os pesquisadores, a realidade é bem diferente. Mais de 80% dos animais são capturados nos oceanos, e não resgatados ou criados em cativeiro. Além disso, 98% deles não estão sob ameaça de extinção. Os pesquisadores também descobriram que os aquários investigados não costumavam reintroduzir em hábitat os animais saudáveis. Também é importante ressaltar que esse estudo mostra que o valor educativo dos aquários é insignificante. A maioria do público, aproximadamente 83%, não lê os cartazes explicativos sobre os animais exibidos. Menos da metade dos aquários públicos da Grã-Bretanha, por volta de 45%, oferece palestras, eventos ou materiais educativos. Do total de aquários, 25% não possuem websites[135].

f. Pesquisa sobre o tratamento de animais em aquários escoceses

Um outro estudo feito pelo grupo Advocates for Animals (Defensores dos Animais), sediado em Edimburgo, chegou a uma conclusão parecida em relação aos aquários na Escócia. O grupo investigou todos os nove aquários públicos escoceses. Concluiu que, em sete dos nove investigados, os animais apresentavam comportamentos anormais; 39% não tinham placas identificando sua espécie ou nenhuma outra informação. De todos os nove aquários, apenas um documento científico era produzido a cada 12 anos. Entre as espécies de todos os aquários, 98% não estavam ameaçadas de extinção, e muitos animais eram submetidos a manejo inadequado por funcionários. Segundo o relatório, os visitantes nunca devem tocar em tubarões e arraias, mesmo com a aprovação dos funcionários, pois o toque humano os machuca facilmente[136].

g. Estudo sobre a situação de baleias e golfinhos em aquários americanos

Randy Eaton, Ph.D., é um prestigiado biólogo conhecido internacionalmente e que já recebeu inúmeros prêmios por seus livros, pesquisas e vídeos. Ele estuda as baleias orcas há mais de 20 anos. Em 1998, publicou *O Projeto Orca: um encontro entre nações*[137], em que discute o comportamento desses animais e fala também sobre orcas e golfinhos criados em cativeiro. Ele acredita que a exibição de baleias e golfinhos em aquários é um problema seriíssimo.

Em seu hábitat, as baleias orcas atravessam milhares de quilômetros regularmente em busca de alimentos, para proteger seus filhos, brincar e procurar companheiros para o acasalamento. Em suas viagens, elas estão sempre encontrando ambientes novos, com diferentes desafios. Como são inteligentes, as orcas têm estratégias e soluções bem aprimoradas diante de conflitos. No oceano, sua percepção, inteligência e métodos de comunicação estão sempre sendo estimulados. Em cativeiro, o tanque onde ficam é muito menor que uma banheira é para nós, além de não oferecer nenhum estímulo. Acostumadas a viver e conviver com centenas de outros golfinhos de diferentes sexo e idade, a baleia é obrigada a aceitar uma vida interagindo com apenas três ou quatro golfinhos. Todos os dias elas são alimentadas com peixes mortos, sem precisar caçar, e repetem a mesma atividade para que o público fique feliz. Por ter essa vida entediante e solitária, independentemente da idade em que foram capturadas, vivem em média apenas 10 anos. Nos oceanos, estima-se que as baleias orcas fêmeas vivam em média 100 anos e os machos, 70. Os golfinhos no oceano também vivem cerca de 25 anos e em cativeiro raramente passam dos 6. Aproximadamente 50% dos golfinhos capturados morrem nos primeiros dois anos de cativeiro[138]. É comum que baleias e golfinhos criados em cativeiro tenham dificuldade de procriar e desenvolvam doenças no cérebro, além de morrerem jovens.

Eaton conta que alguns anos atrás o Sea World de San Diego, nos Estados Unidos, gravava um comercial com uma jovem nadando com uma baleia orca macho. Quando ela tentou sair da piscina, a baleia agarrou-lhe a perna com a boca. Com medo, ela começou a se debater, sendo mordida de leve. Segundo o autor, se a baleia quisesse realmente machucá-la, teria facilmente arrancado sua perna. O que ela queria era apenas companhia e que a jovem ficasse para brincar. As baleias, inclusive as orcas, são animais sociáveis.

Muitos outros animais também sofrem nos aquários públicos que, segundo Eaton, sentem as consequências do mau gerenciamento, de conflitos e interesses políticos, da falta de criatividade e de imaginação, de desperdício, de ineficiência, da falta de interesse dos empregados e de muitos outros problemas que são comuns em órgãos públicos. Os aquários privados têm muito interesse no lucro e pouco no animal.

h. Reflexão sobre aquários

É cruel e condenável tirar animais de seu hábitat, prendê-los e subjugá-los ao confinamento, desconforto e isolamento para exibi-los em aquários. A intenção é o simples entretenimento do público, e não atende a nenhum programa da preservação da espécie.

A conservação de animais marinhos deve ser feita no seu hábitat, por meio de reservas e proteção ambiental. Infelizmente, muitos deles estão em sério perigo de extinção, e vários biólogos acreditam que nem sempre é possível conservá-los em seu próprio meio. Assim, creem que os aquários podem servir como solução para um programa de conservação de vidas marinhas, que inclua procriação contra a ameaça de extinção, reabilitação de animais doentes ou machucados e ensinamento ao público. Depois de tratados, os animais devem, se possível, retornar ao seu hábitat. Mas os aquários são grandes fontes de renda e o interesse financeiro, infelizmente, supera a preocupação com o bem-estar dos animais. Os objetivos teóricos dos aquários são muito diferentes dos práticos.

O tratamento inadequado dos animais em aquários não é uma ocorrência recente. E o problema tende a piorar tanto na Inglaterra, nos Estados Unidos como em outros países. Novos aquários particulares estão sendo abertos para atender o interesse crescente do público e com o único objetivo de ganhar dinheiro. Quanto maior, mais atrativo e interativo o aquário, mais lucrativo para seus patrocinadores e pior para os animais. Luz, música, barulho, interação com humanos e tanques com decorações criativas, tudo é feito em favor do divertimento dos visitantes, com prejuízo para o bem-estar dos animais marinhos, submetidos a um constante estresse.

i. Pesquisas sobre o tratamento de animais em zoológicos

Cientistas da Captive Animal's Protection Society (Sociedade Protetora de Animais em Cativeiro) da Grã-Bretanha investigaram 25% dos zoológicos no país, o que representou 103 unidades[139]. Eles concluíram que, em média, os animais na Grã-Bretanha são mantidos em espaços 100 vezes menores do que em seu hábitat. Girafas e chimpanzés achavam-se confinados em espaços até mil vezes menores do que o adequado. Os cientistas também constataram outros problemas como: mistura inadequada de espécies nas jaulas, falta de atenção e tratamento aos animais, inúmeras doenças, e climatização e alimentação impróprias.

Em outra investigação, pesquisadores da Animal Conservation for Life e da World Society for the Protection of Animals (WSPA) visitaram 10 zoológicos na Indonésia quase todos os dias por um período de cinco

MANIFESTO PELOS DIREITOS DOS ANIMAIS **87**

meses. O que viram foi chocante: animais feridos trancados em jaulas mínimas, sem nenhum tratamento; jaulas imundas com animais sobre as próprias fezes; elefantes e leões acorrentados sem poder se mexer; falta de comida e de água; e visitantes oferecendo sorvete, amendoim, cigarros e pedaços de plástico aos animais sem nenhuma intervenção da parte dos funcionários. Enfim, uma total negligência em relação aos animais[140]. Na Indonésia, segundo vários decretos, os zoológicos existem com o propósito de preservar espécies sob ameaça de extinção e, portanto, devem ser mantidas em áreas com espaço suficiente, segurança e conforto[141].

A situação dos zoológicos no Brasil também não é agradável. Por lei, eles devem ser licenciados pelo Ibama, com o objetivo de assegurar padrões mínimos requeridos pela legislação. Em março de 2004, de 45 zoos, apenas 37,5% tinham a licença requerida. Em 2001, o Ibama começou um programa nacional de vistorias chamado "Zoo Legal". Desde então, quatro zoológicos no estado de São Paulo e um dos sete do Rio de Janeiro foram fechados. O Ibama também recomendou o fechamento de dois zoológicos em Sergipe e cinco em Minas Gerais. No total, desde 1990, o Ibama pediu o fechamento de 29 zoológicos no país[142]. Um dos maiores problemas enfrentados pelos animais é a carência de biólogos e veterinários, seguida de má administração. Há falta de laudos de necropsia, documentações desatualizadas de entrada e saída de animais, cozinhas em condições precárias, falta de higiene, tratamento inadequado dos animais, empregados despreparados para tratá-los, além de maus-tratos, entre outros problemas. Apesar dos esforços do Ibama, o processo de fechamento de um zoológico é lento e pode levar até dois anos[143].

Em Portugal os problemas são parecidos. A bióloga Leonor Galhardo trabalhou na primeira pesquisa da Direção Geral de Veterinária (DGV) dos parques zoológicos portugueses e descobriu que só oito dos 30 zoos visitados estavam em condições de receber a licença. Segundo a pesquisadora, as espécies que mais sofrem são os primatas, ursos e felinos[144].

j. Reflexão

Muitos zoológicos são vistos como instituições científicas de estudo e preservação. Não se pode negar que grandes conquistas se devem a esforços feitos por essas instituições. Em 1971, só restavam por volta de 200 micos-leões-dourados no Brasil. Graças a uma parceria feita pela reserva de Poço das Antas, no Estado do Rio, com o Zoológico Nacional de Washington, nos Estados Unidos, a população da espécie cresceu. Ainda assim, a vasta maioria dos zoológicos, aproximadamente 12 mil no mundo, serve apenas para a exibição de animais[145], sem objetivos científicos.

> ### Curiosidade
>
> O cérebro dos pássaros é menor que uma castanha, mas eles são capazes de aprender e de se lembrar de trajetos migratórios que alcançam milhares de quilômetros. O charrán ártico é conhecido como o pássaro que percorre o mais longo caminho migratório. Eles viajam cerca de 29 mil quilômetros. Alguns migram do Polo Sul ao Norte (ida e volta) todos os anos sem se esquecer o caminho.
>
> Fonte: Grandin, T. & Johnson, C. (2006) *Animals in Translation*. Nova York: Harcourt Books, p.285.

A ideia do zoológico moderno como modelo para a preservação de espécies e educação não é ruim, mas a maio-

MANIFESTO PELOS DIREITOS DOS ANIMAIS 89

ria das instituições atuais está longe disso. Assim como no caso dos aquários, os defensores de zoológicos ressaltam sua importância educativa. Mas, na realidade, aprende-se muito mais assistindo ao *National Geographic* e a programas de televisão sobre a vida animal do que indo ao zoológico. Existem várias maneiras de educar, muito mais interessantes e interativas para adultos e crianças do que visitar um macaco entediado sentado numa jaula. Os animais, assim como os humanos, necessitam de estímulos, atividades, brincadeiras, ambiente sociável e interativo e novos desafios. Em circunstâncias normais, os lobos e macacos, por exemplo, formam estruturas sociais complexas e estabelecem longos relacionamentos com membros de sua espécie. Colocar um ser humano numa jaula é a punição de um crime. Que crime esses animais cometeram para merecerem ficar aprisionados o dia inteiro numa jaula como se estivessem numa vitrina de loja?

2. O entretenimento por meio de touradas

As touradas espanholas, conhecidas no mundo inteiro como um "esporte" que mostra a bravura e coragem do homem, causam a morte de 30 mil touros todos os anos[146]. Na verdade, as touradas não deveriam nem ser consideradas esporte ou competição. Qualquer esporte pressupõe que seus competidores tenham a chance de ganhar honestamente. Um esporte em que um lado, o touro, sempre perde não pode ser considerado como tal.

Os touros levados para arena têm menos de 6 anos, geralmente 4 ou 5. São criados em pastos livres até sua primeira e última tourada, quando, então, são mortos. É um erro dizer que o touro ataca o toureiro. Ele não é por natureza um animal agressivo e apenas se defende quando se sente acuado e com medo. Peões e toureiros espancam e torturam os animais antes das touradas para deixá-los com raiva e parecendo selvagens. Tanto as touradas espanholas como os rodeios brasileiros fazem o uso do sedém (tira de couro ou crina usada para comprimir a virilha e a genitália do animal), da peiteira (tira de couro amarrada ao redor do tórax, provocando dor e sensação de asfixia), de choques elétricos e mecânicos, de pimenta e outras substâncias abrasivas, sinos que, pendurados na peiteira, produzem som que causa pânico, e esporas aplicadas no baixo-ventre e no pescoço, que produzem lesões no couro e até nos olhos[147].

Touradas são proibidas no Canadá, Estados Unidos e Grã-Bretanha, mas ainda são populares em Portugal, França e parte da América Latina.

3. Rodeios: escola da violência

No Brasil, a popularidade e a crueldade dos rodeios não param de aumentar. Cerca de 1,8 mil eventos ocorrem todo ano em cidades do interior[148]. Barretos, no interior paulista, é uma cidade que ficou conhecida na América Latina pela Festa do Peão Boiadeiro, promovida anualmente. Em agosto de 2004, a cidade comemorou o 49º campeonato, atraindo cerca de 800 mil pessoas nos 10 dias de eventos[149] e assinalando o crescimento significativo do público nos últimos anos. Em 2004, os patrocinadores gastaram 8,5 milhões de reais, 30% a mais que nos anos anteriores. Em 2005, a duração do evento foi ampliada para 15 dias e atraiu cerca de 1 milhão de turistas[150]. Em 2006, 14 milhões de reais foram investidos em obras e nas preparações para o 51º campeonato[151].

O rodeio de 2004 apresentou uma nova atração. Além das montarias em touros, foram liberadas as provas de laço de bezerro e de laço em dupla[152]. A prova de laço de bezerro consiste em peões laçarem um bezerrinho de menos de 60 quilos pelo pescoço e arrastá-lo pela arena. Na prova do laço em dupla, proibida em 2003 por causa de sua imensa crueldade, dois peões, em lados opostos, laçam a cabeça e as partes de trás de uma novilha e puxam o animal, cada qual em sua direção. Se não morrer, o animal sofre contusões, fraturas e distensões. Em 2006 as provas do laço de bezerro e laço em dupla foram novamente proibidas pela justiça de Barretos, enquanto estudos são realizados para descobrir como tal modalidade pode ser praticada sem causar danos aos animais[153].

Rodeios também são muito populares na América do Norte. Nos Estados Unidos, a tradição de "cowboys", "fazendeiros" e os filmes de Hollywood incentivam 25 milhões de americanos a irem a rodeios anualmente. Em Calgary, no Canadá, todo ano em julho ocorre a maior festa de rodeio do mundo atraindo mais de 1 milhão de pessoas[154]. Nesses eventos, a plateia vibra ao ver o animal ser dominado e maltratado. É incrível a capacidade humana de se divertir com a dor alheia.

4. Crueldade inventada no Brasil

A vaquejada é um esporte surgido no Brasil que consiste em dois vaqueiros montados em cavalos perseguindo um boi para derrubá-lo. A vitória dos vaqueiros acontece quando o boi está no chão, com as quatro patas para cima, sendo arrastado brutalmente. Durante a "brincadeira", de extrema crueldade, os bois sofrem luxações e hemorragias internas[155].

5. Todos caem na farra, menos o boi

A farra do boi consiste em homens, mulheres e crianças perseguindo pelas ruas da cidade um boi que, desesperado, tenta escapar. Os participantes carregam pedaços de pau, facas, lanças de bambu, cordas, chicotes e pedras. Apavorado, o boi se joga ao mar para fugir, de onde é tirado ou acaba se afogando. Quando o boi não consegue chegar ao mar, corre em direção às casas ou a qualquer outro lugar que possa servir de abrigo. Evidentemente, pessoas não envolvidas na farra acabam se machucando. Para aumentar ainda mais o desespero do animal, ele fica confinado durante dias antes da farra, privado de comida e água[156].

Essa tradição teve origem no século XII como um ritual da Semana Santa. Os bois eram sacrificados em alusão ao arrependimento dos pecados. O ritual chegou a Santa Catarina por intermédio dos açorianos, e agora é praticado todo ano no período da Páscoa[157]. Os defensores da prática alegam que ela é uma manifestação cul-

MANIFESTO PELOS DIREITOS DOS ANIMAIS

Curiosidade

Em abril de 2004, Barcelona aprovou uma declaração reconhecendo que os animais são dotados de sensibilidade psíquica, e foi o primeiro município espanhol a se posicionar contra as corridas de touros. A prefeitura fez essa declaração depois de ter recebido uma petição assinada por 240 mil defensores de animais de 30 países que pediam o fim das touradas na cidade. Apesar da declaração, as touradas ainda não estão proibidas em Barcelona, já que a proibição teria que ser aprovada pelo governo catalão[1]. Em fevereiro de 2006, a associação espanhola União dos Criadores de Touros de Lide, com medo de perder sua fonte de renda, apresentou uma proposta à Unesco para que as touradas sejam classificadas como Patrimônio Cultural da Humanidade, evitando o fim delas[2]. O assunto ainda está em debate, mas a campanha ganhou muita atenção e em 2006 a última arena de touros fechou em Barcelona por falta de visitante[3]. Desde então, outras 42 cidades e vilas na Espanha também se declaram antitouradas, além de duas cidades na França e uma no Equador[4].

Fonte 1: Clarey, C. (2004, 4 de maio). Surviving the Bull Market to Die in the Ring in the Arena. *International Herald Tribune.*

Fonte 2: Touradas candidatas a Patrimônio Cultural. (2006, 14 de fevereiro). *Jornal de Notícias.*

Fonte 3: Fiona G. Bullfighting's Future in Doubt (2006, 21 de dezembro). *Telegraph.*

Fonte 4: Cidades Antitouradas no Mundo. *CidadesAntitouradas.org.* Acessado em 31 de maio de 2007: http://www.cidadeantitouradas.org/index.php?option=content&task=view&id=23

tural, mas na verdade não passa de um ritual de sadismo. Por ser cruel e perigosa, a farra foi proibida em 1997 pelo acórdão nº 153.531/1997 do Supremo Tribunal Federal (STF). Esse tipo de ato também é considerado ilegal segundo o art. 32 da Lei Federal nº 9.605/98, que diz ser crime "praticar ato de abuso, maus-tratos, ferir ou mutilar animais". Mesmo assim, a farra do boi continua bastante popular em Santa Catarina.

Famílias inteiras, inclusive crianças, formam os espectadores de rodeios, touradas, vaquejadas, farra de boi e outros tipos de competição envolvendo animais. É uma verdadeira escola de violência. Muito mais saudável é jogar futebol, dançar, ir à praia. O que estamos ensinando às futuras gerações?

6. Entretenimento lucrativo: as rinhas

Nos últimos anos, as rinhas viraram moda no Brasil. Nela, dois animais são colocados frente a frente e provocados até brigar. As lutas só terminam pela desistência do dono ou quando um dos animais morre. Na República Dominicana, por exemplo, a briga de galo é legal e muito popular; e é lá que está localizada a famosa arena Coliseu Galístico Don Alberto Bonetti Burgos que atrai em média 300 a 400 mil pessoas por ano[158].

a. Rinhas de aves

O treinamento dado aos galos para se preparar para o combate é composto de vários "exercícios", que obviamente não são naturais à sua raça. Para fortalecer as pernas, treinadores seguram o galo pelo pescoço e pelo rabo, ou pelas asas, e os jogam para cima, deixando-os cair no chão. Outro método de treinamento consiste em empurrar o animal pelo pescoço, fazendo-o girar em círculo, como um pião. Logo depois de escovado e banhado em água fria, ele é preso e exposto ao sol até ficar completamente exausto. Isso serve para aumentar a sua resistência. Até o dia da luta, o galo permanece em uma gaiola mínima. Só anda em espaços maiores quando está sendo treinado. As penas do pescoço, coxas e parte inferior das asas são arrancadas. Com apenas 1 ano de idade, já estão prontos para brigar. As rinhas ocorrem em casas abandonadas, garagens, ferros-velhos, porões, galpões, fazendas e sítios[159].

Curiosidade

Rinhas de galo são populares na:
- República Dominicana
- Brasil
- Rússia
- Ucrânia
- Bali
- Timor Leste
- Tailândia

A briga de galos e a de canários, por sua crueldade, são proibidas no Brasil. Não há leis específicas a respeito, mas o art. 32 da Lei Federal nº 9.605 de 1998 diz que é crime "praticar ato de abuso, maus-tratos, ferir ou mutilar animais silvestres, domésticos ou domesticados, nativos ou exóticos"[160].

Mesmo ilegal, a briga de galos ocorre com frequência e impunidade. Segundo os adeptos dos combates, é um excelente negócio, que gera cerca de 500 milhões de reais em apostas no Brasil. Os participantes ignoram a lei com total desdém, a ponto de criarem a Associação Brasileira dos Criadores de Aves de Combate, que conta com cerca de 40 mil membros. Além de organizarem brigas dentro do país, eles também exportam galos para outros países, como a República Dominicana, Porto Rico e Espanha. Um galo campeão pode chegar a valer 50 mil reais[161]. Além das lutas de rotina, com duração em torno de 1h45, clubes de luta também organizam grandes torneios, que começam às 9h da manhã, terminando por volta das 21h. Durante os torneios, são vendidos bicos e esporas de aço para os galos, no valor de 30 a 40 reais. Espectadores afirmam tratar-se de um de seus esportes prediletos[162]. Todos os finais de semana, eles preferem assistir a essa crueldade, matança e sofrimento alheio a irem ao cinema, clube ou restaurante.

b. Rinhas de cães

Além das rinhas de galos e de canários, a briga entre cães, principalmente pit bulls, virou moda no Brasil. Apesar de ser considerado crime, esse tipo de "esporte" é tão lucrativo que as apostas chegam a 10 mil reais.[163] Os pobres animais tornam-se vítimas de seus donos, que alteram brutalmente sua natureza. Como parte do "treinamento", eles são trancados em ambiente escuro por meses, apanham, levam choques, sofrem queimaduras e

---

Curiosidade

Para que se tenha uma ideia da popularidade das rinhas no Brasil: em outubro de 2004, a Polícia Federal prendeu 200 pessoas que participavam de uma rinha de galo no Recreio dos Bandeirantes, no Rio de Janeiro. O vencedor ganharia um carro novo e calcula-se que o valor total das apostas naquele dia tenha chegado a 1,7 milhão de reais[1].

Em agosto de 2007 uma força-tarefa do Ibama, Ministério Público, Batalhão Ambiental da Brigada Militar e Polícia Civil flagrou um criador no Rio Grande do Sul que treinava mais de 2 mil animais, entre eles 400 galos para rinhas. Os animais eram vendidos tanto no Brasil como no exterior[2].

Fonte 1: Justiça do Rio livra Duda Mendonça de processo. (2005, 9 de março). *Folha de S. Paulo.*

Fonte 2: Desmontado criatório de galos (2007, 3 de agosto). *Correio do Povo* — Porto Alegre.

MANIFESTO PELOS DIREITOS DOS ANIMAIS

são banidos do convívio social. O típico cão de rinha tem as orelhas curtas, muitas vezes por terem sido amputadas, apresentam feridas e machucados constantes e são marcados por cicatrizes na cabeça, pescoço, pernas e orelhas[164]. O pit bull é o cão preferido para essas brigas, pois são grandes, fortes e bastante resistentes à dor.

Em uma entrevista para o *Jornal do Brasil*, o diretor social da Suipa, Ricardo Naman, confirmou que os cães são submetidos a torturas terríveis durante seu treinamento. Como exemplo, ele cita o Pelé, um pit bull que mora na Suipa há seis anos. Ele foi parar lá por ter sido espancado e queimado pelo próprio dono após perder uma briga. Naman diz que hoje Pelé é um animal dócil, mas que a maioria dos pit bulls fica tão traumatizada que nunca mais se recupera, mesmo com tratamento. Assim, são obrigados a viver o resto da vida isolados[165]. Os animais usados nas rinhas ficam psicologicamente alterados e atacam não só outros animais como pessoas.

> ### Curiosidade
>
> Cães policiais são três vezes mais eficientes em detectar drogas do que qualquer máquina de raios X. Em 90% dos casos eles conseguem detectar drogas, contrabandos e explosivos.
>
> Fonte: Grandin, T. & Johnson, C. (2006). *Animals in Translation*. Nova York: Harcourt Books, p. 288.

Por causa do aumento de incidentes com cães, vários estados passaram a exigir que cães de raças consideradas violentas, como pit bull, mastim napolitano e rottweiler, andem com coleira, guia curta de condução, enforcador e focinheira em lugares públicos. Isso sacrifica o animal, que às vezes é inofensivo, mas em face do problema, torna-se difícil julgar a necessidade de tal exigência.

c. Reflexão sobre as rinhas

Especificamente em relação ao pit bull, existem controvérsias sobre a culpa do dono perante a natureza violenta do cão. Os veterinários concordam que o animal não é predisposto a atacar, mas se torna feroz por causa do dono. Outros afirmam que ele foi "inventado" para ser agressivo e assim será, mesmo criado com carinho e amor.

Apesar de diversas teorias sobre a origem do pit bull, hoje a maioria da comunidade científica acredita que o animal é o resultado de diversos cruzamentos iniciados na Inglaterra no século XIX, com o intuito de produzir um cão de luta. Os antigos buldogues, apesar de fortes e utilizados em brigas contra touros no país, não tinham a agilidade necessária para as rinhas, que se tornavam mais populares na Inglaterra. Então, os criadores resolveram cruzar esses cães com terriers, conhecidos por sua agilidade, bravura e determinação. Desse cruzamento resultou, entre outros, o staffordshire bull terrier, que, posteriormente, foi levado para os Estados Unidos. Lá, o staffordshire bull terrier passou por novos cruzamentos, que eventualmente deram origem ao american staffordshire e ao american pit bull terrier[166]. O pit bull foi criado para ser um animal feroz, ágil, resistente e valente, com o intuito de serem usados em guarda de propriedades e utilizados em rinhas. Muitos ainda defendem que os pit bulls são uma ameaça constante à sociedade e que por isso deveriam ser exterminados. Atualmente, a raça pit bull está proibida em 27 países, inclusive na Inglaterra, onde surgiu[167].

Uma solução viável é esterilizá-los, para que a raça não se reproduza e, por fim, seja extinta. É claro que se trata de uma proposta temporária, já que eles seriam substituídos por outras raças. A solução definitiva seria mudar a mentalidade humana, acabar de vez com as rinhas, com os treinamentos violentos, com o cruzamento indiscriminado e com os maus-tratos.

Assim como os donos de pit bulls, participantes das rinhas de aves argumentam que esses animais são por natureza brigões. Mas isso não é verdade. Os galos são territorialistas e, às vezes, brigam para defender o território onde se reproduzem. Isso não acontece sempre, pois eles possuem também seu método de comunicação. Quando criados livremente, para intimidar o adversário, eles eriçam as penas. O adversário pode responder com sinais de apaziguamento e abandonar o território, acabando com a briga antes que ela comece. Se houver luta, o perdedor geralmente foge, e ninguém morre[168].

O trabalho da polícia é importantíssimo para desencorajar as rinhas, fazendo com que a lei seja cumprida, e os donos precisam aprender como lidar com seus próprios animais. Se necessário, têm que ser punidos por seus crimes toda vez que infringir as normas. Fala-se em criar novas leis para proteger o meio ambiente, aumentar a qualidade de vida, combater a miséria e a fome, diminuir o aquecimento global, acabar com a violência, mas esquecem-se de respeitar as leis existentes. Se isso não for feito, gerações futuras sofrerão principalmente com a falta de justiça, educação e ética.

Infelizmente, o problema para o animal persiste mesmo depois de ele ter sido apreendido. A polícia não sabe o que fazer com os galos, canários e cães. São levados a zoológicos, que muitas vezes não os aceitam por falta de interesse e de dinheiro, ou para ONGs, que nem sempre têm condições de recebê-los. Muitos deles, depois de maus-tratos e por causa das brigas, acabam morrendo em alguns dias, em consequência do estado precário em que se encontram. Os que sobrevivem têm que ser "reprogramados" por voluntários das ONGs para voltar ao seu estado normal[169].

7. A caça como divertimento

A caça como "esporte" desperta interesse no Brasil tanto de caçadores como de empresários, que veem nisso um grande investimento. Atualmente, o único estado brasileiro a legalizar a atividade em certas temporadas, com restrições, foi o Rio Grande do Sul. Mesmo assim, o interesse é grande, e muitos brasileiros viajam para a Argentina e o Uruguai, onde a caça é popular. Lá se encontram mais de 100 fazendas dedicadas ao "esporte". Calcula-se que nesses dois países a atividade renda cerca de 1,5 bilhão de dólares ao ano. No Rio Grande do Sul, a caça inclui animais pequenos, como perdizes. Na Argentina e no Uruguai, é legalizada a caça de animais maiores, como o cervo-colorado, o cervo-dama, o búfalo e o javali[170]. Nos Estados Unidos, onde a caça é controlada mas legalizada, gastam-se 21 bilhões de dólares em equipamentos para o "esporte" todo ano e, em média, 134 milhões de animais são mortos[171]. Na Europa, há menos caça, simplesmente por falta de áreas naturais, por isso muitos caçadores viajam para a África e a Ásia. Só entre 1996 e 2002, caçadores europeus mataram 3.812 elefantes africanos, 2.623 leopardos e 539 chitas (todos considerados ameaçados de extinção)[172].

No Brasil, a Lei da Fauna, nº 5.197/67, proíbe a caça profissional e o comércio de espécies brasileiras, mas permite a prática amadora desde que o nível das populações caçadas seja monitorizado. Outros estados, além do Rio Grande do Sul, têm interesse na atividade, mas não querem arcar com os gastos relacionados ao monitoramento das espécies[173]. Por enquanto, isso tem servido no Brasil para impedir a prática da caça em outros estados.

8. Reflexão sobre a caça amadora

A caça não é um esporte, mas um ato de violência. O animal não concordou em "competir", apostar sua vida, e as regras entre os participantes não foram estabelecidas como ocorre em qualquer outro esporte. Assim como nas rinhas, o animal não tem nenhum controle sobre a situação, nem sabe o que acontece ao seu redor. É verdade que os animais caçam uns aos outros, mas para alimentação e sobrevivência, não entretenimento. Além disso, eles conhecem as leis da selva e estão alertas ao perigo, mas não estão preparados para enfrentar a arma do homem. Nem todos os tiros são certeiros, e muitos animais não morrem instantaneamente e passam dias sofrendo.

A caça é uma questão controvertida entre grupos de defesa de animais e ambientalistas. Alguns a aceitam quando existe a necessidade de controlar o crescimento de uma espécie para manter o equilíbrio ambiental. Nesse caso, a caça é monitorada e uma cota de animais caçados é estabelecida para os caçadores. Outros acreditam que qualquer tipo de caça é imoral, já que a maioria dos problemas que ocorrem para o aumento da população de uma determinada espécie é causada pelo próprio ser humano, ao desrespeitar o meio ambiente, forçar a migração de espécies e contribuir com a extinção das que são predadoras. Nesse caso, esses grupos acreditam que outros métodos alternativos de controle deveriam ser criados, como, por exemplo, a utilização de anticoncepcionais ou o restabelecimento do número normal de espécies predadoras.

Marti Kheel, autora de vários artigos sobre ecofe-

Curiosidade

A Grã-Bretanha, um país conhecido pela caça à raposa com cães, finalmente se conscientizou da brutalidade desse ato e eliminou a prática. Em 1997, quando o então primeiro-ministro Tony Blair tomou posse, prometeu que iria banir a cruel atividade, que leva a raposa a ter uma morte lenta e dolorosa ao ser mordida violentamente pelos cães. O projeto de lei proibindo o uso de cães na caça à raposa foi aprovado na Câmara dos Comuns em setembro de 2004 por 356 votos contra 166. Em novembro do mesmo ano, o parlamento britânico aprovou a lei, que entrou em vigor em fevereiro de 2005. Além de proibir a caça à raposa, também proíbe a caça ao veado e à lebre. A vitória foi custosa e suscitou grande polêmica no país. A Câmara dos Comuns votou a favor da lei, mas a dos Lordes foi contra. Nos últimos 55 anos, os lordes já tinham votado três vezes contra e ganharam todas as batalhas. A guerra só acabou em 2004, quando o Poder Executivo evocou a Lei Parlamentar, forçando a Câmara dos Lordes a aceitar o veredicto dos deputados.

Fonte: Reino Unido: Caça à raposa definitivamente abolida na Inglaterra e no País de Gales. (2004, 18 de novembro). *Agência Lusa.*

minismo, liberação animal e ética ambiental, ilustra um ponto interessante. Muitos caçadores agem pelo prazer da perseguição, e a morte é só parte do jogo. O prazer consiste em ver o animal na mira e saber que a vida dele está em suas mãos. Mais vitorioso será aquele que atingir a presa mais rara, perigosa ou difícil de acertar. O caçador é sádico: ele gosta de perseguir animais por horas, com o objetivo de encontrar o meio que mais lhe fascina para matá-lo[174]. Muitos colocam o animal na parede como "troféu", para mostrar aos amigos sua "bravura", "superioridade" e "virilidade". O que isso diz sobre a raça humana?

IX.

OS ANIMAIS E A MODA

> "Se o homem pudesse ser cruzado com o gato,
> melhoraria o homem, mas deterioraria o gato."
>
> *Mark Twain*

1. A indústria de casacos de pele

A CAMPANHA CONTRA O USO DE pele na moda começou no final dos anos 1950 na Inglaterra e culminou em 1987 com a queda da bolsa de valores e o declínio da demanda por itens de luxo. No final dos anos 1990 a indústria de pele, tentando retomar o mercado, começou a oferecer de graça pele para grandes estilistas internacionais. A esperança de que esses estilistas revitalizassem o uso de pele funcionou e, desde então, ele tem aumentado[175].

A pele torna-se novamente símbolo de status e mobiliza uma indústria de 11,3 bilhões de dólares por ano[176]. Só na Itália, 250 mil animais são criados e mortos todos os anos para que suas peles sejam aproveitadas para confecção de casacos[177]. Na China, esse número chega a 2 milhões[178]. Nos Estados Unidos, cerca de 3 milhões de martas são abatidas anualmente e um casaco a partir de sua pele chega a custar 250 mil dólares[179]. Além de gatos, cachorros e martas, raposas, coelhos e até focas têm sua pele comercializada. Em maio de 2004, no Canadá, o 22º desfile norte-americano de casacos de pele exibiu a nova moda da pele de foca, cujo objetivo é ajudar a indústria local, que se sustenta matando esses animais. O Canadá fatura 335 milhões de dólares por ano exportando peles[180].

> ### Curiosidade
>
> A Grã-Bretanha está se tornando o principal centro internacional de comércio de casacos de peles de cachorros e gatos, já que vários outros países, como Suécia, Dinamarca, Grécia, Austrália e Estados Unidos, baniram a prática. Em 2003, o comércio desse tipo de pele movimentou 12 milhões de dólares.
>
> Fonte: Reveald: How UK is centre for £7 million trade in cat and dog fur. (2004, 31 de agosto). *Evening Standard*.

2. A caça e a morte dos animais para virar vestuário

Animais são caçados ou criados em cativeiro só para se tornar artigos de vestuário. Passam a vida confinados em gaiolas ou em espaços exíguos. Da mesma forma que as galinhas em fazendas-fábricas, muitos adquirem comportamentos neuróticos, como a automutilação e o canibalismo. Quando atingem o tamanho ideal para abate, são asfixiados, envenenados, gaseados, afogados, eletrocutados ou estrangulados. Os que não morrem logo são esfolados ainda com vida. Para deixar a pele intata, alguns criadores cortam a língua das raposas e as deixam sangrar até a morte. Estima-se que 75% (30 milhões) dos animais usados na indústria da moda sejam de cativeiro[181]. Os mais comuns são as martas e as raposas, mas cães e gatos também são sacrificados, especialmente em países asiáticos que vendem suas peles para a América do Norte como se fossem pele de coelho ou do lobo asiático[182].

Os animais caçados muitas vezes são pegos em armadilhas. Um em cada quatro animais presos rói as próprias patas para tentar escapar. Os que não conseguem fugir ficam durante dias sem água ou comida, no frio ou calor excessivo, até que o caçador volte para checar a armadilha. O caçador os mata por asfixia para que sua pele não seja danificada.

Segundo a organização ambiental PEA, para fazer um casaco de pele de tamanho médio é preciso matar 125 arminhos, 100 chinchilas, 70 martas zibelinas, 30 coelhos, 27 guaxinins, 11 raposas-douradas ou 9 castores[183].

Todo ano, 5 milhões de animais, alguns em perigo de extinção, e cães, gatos, pássaros e esquilos são acidentalmente apanhados em armadilhas e acabam mutilados ou mortos[184]. Os homens sempre usaram peles de animais para se proteger do frio e sobreviver nas grandes migrações. Hoje em dia elas podem ser facilmente substituídas por tecidos sintéticos. Não há absolutamente nenhuma justificativa para o uso de peles em vestuários.

X.

ANIMAIS EM RITUAIS RELIGIOSOS

"Não me interessa nenhuma religião cujos princípios não melhorem nem levem em consideração as condições dos animais."

Abraham Lincoln

SACRIFICAR ANIMAIS EM RITUAIS RELIGIOSOS é comum no Brasil. Segundo os adeptos, essa é uma prática surgida em tribos africanas há 3 mil anos e que deve ser preservada como manifestação cultural. Galinhas, cabritos e ovelhas são degolados depois de passarem horas esperando a morte. Tradição e herança cultural não valem como justificativa, uma vez que não estamos numa tribo na África 3 mil anos atrás. Hoje não se executam criminosos por enforcamento ou em fogueiras. Nem se põem homens para lutar contra leões como no Império Romano. Os astecas ofereciam humanos, inclusive crianças, aos deuses. Por que não continuamos com essa tradição religiosa? Porque é bárbara! Então por que os animais continuam sendo usados dessa maneira? Não podemos considerar que os animais não têm direitos simplesmente porque no passado era assim. A tradição, nesse caso, é um simples disfarce para a maldade humana. Temos que basear nossa responsabilidade moral nos princípios da justiça e da compaixão, e não nos escondermos atrás da tradição e nos acomodarmos com os valores que nos são familiares.

A cultura, a liberdade religiosa devem ser preservadas, desde que não infrinjam a liberdade alheia. O sofrimento e a morte desses animais contrariam seus próprios interesses. Queremos satisfazer nossos desejos e alcançar nossas aspirações, religiosas ou não? Os animais têm direito de não sofrerem angústia, dor, medo, e devem poder procurar sua própria felicidade, da forma que melhor atenda a sua espécie. Se aprendemos a aceitar a religião do outro em silêncio e respeito, por que não podemos aprender a fazê-lo também em relação à vida, qualquer que seja a sua forma?

Além da questão moral, existe também a lei. O sacrifício de animais é ilegal no Brasil, segundo a lei federal nº 9.605 de 1998, que proíbe que sejam submetidos a maus-tratos. A religião não pode ser usada como escudo para o crime. Mesmo assim, o ritual é comum em terreiros de umbanda e candomblé.

Em julho de 2004, o governador do Rio Grande do Sul, Germano Rigotto, sancionou uma lei em favor dos cultos de origem africana que cria uma exceção no Código Estadual de Proteção aos Animais. Com ela, os rituais de sacrifícios não seriam considerados maus-tratos e se tornariam legais no estado[185]. Trata-se de uma lei inconstitucional e deve ser anulada. Seguindo o exemplo do Rio Grande do Sul, outros estados como a Bahia podem decidir criar exceções similares, o que colocaria em risco o direito dos animais em todo o país. Simplesmente não há justificativa, teológica, ética, moral ou cultural para a perpetuação desses rituais.

XI.

_____

O TRÁFICO DE ANIMAIS

> "Quanto mais conheço os homens mais estimo os animais."
>
> *Herculano*

1. A indústria do contrabando de animais

O TERCEIRO MAIOR CONTRABANDO DO MUNDO é o de animais e plantas, que só perdem para o de drogas e de armas. Os animais contrabandeados são vendidos para pesquisas científicas, indústria química e de medicamentos, colecionadores particulares e lojas especializadas. Esse tipo de contrabando coloca os animais em perigo, espalha doenças descontroladamente, contribui para a biopirataria e acaba com o patrimônio nacional da nossa fauna silvestre.

Os efeitos desse crime se alastram a longo prazo. Animais contrabandeados para companhias farmacêuticas estrangeiras contribuem para o teste e a descoberta de remédios que são patenteados no exterior e vendidos no Brasil para a população pobre por um preço alto. Estima-se que, para fins científicos, uma jararaca-ilhoa valha 20 mil dólares no mercado internacional, uma surucucu-pico-de-jaca, 5 mil dólares, e 1 grama de veneno extraído da aranha-marrom, 24 mil dólares[186].

> No mundo, o número de animais capturados anualmente por traficantes chega a 38 milhões e gera 20 bilhões de dólares[187]. Desse total, 90% morrem sufocados, de fome, sede ou calor, antes de chegar ao seu destino.

O tráfico de animais no Brasil consiste em um negócio altamente lucrativo, movimentando aproximadamente 1,5 bilhão de dólares ao ano. No mercado internacional, uma arara-azul chega a ser vendida por 60 mil dólares[188], um mico-leão-dourado, por 20 mil dólares, e uma jaguatirica, por 10 mil dólares[189]. Os técnicos que trabalham no setor de defesa animal calculam que 90% do comércio de animais silvestres no Brasil seja ilegal. Nos últimos anos o problema vem crescendo. Desde 1970, 90% da população mundial de rinocerontes desapareceu. Isso porque os consumidores apreciam artesanatos feitos com o seu chifre[190]. Entre 1997 e 2000, a polícia italiana apreendeu mais de 150 mil animais provenientes da América Latina, África e Europa Oriental. No México, em 2002, a polícia confiscou 206.828 animais e plantas, o que equivale a 110 vezes o total apreendido em 2001[191].

Os maiores consumidores de animais exóticos são os Estados Unidos, a Europa e o Japão. O Brasil atende por

> ### Curiosidade
>
> Segundo o Sindicato Nacional dos Auditores Fiscais da Receita Federal (Unafisco), 1,2 milhão de animais são contrabandeados do Brasil para o exterior ou negociados em feiras livres. Nessas feiras, papagaios, pássaros raros, tartarugas e outros animais são vendidos juntamente com frutas e legumes.
>
> Fonte: Pinter, S. (2001, 1º de abril). Contrabando tira 1,5 milhão de empregos no país. Acessado em 2 de março de 2006: http://an.uol.com.br/2001/abr/01/0ecc.htm

volta de 10% desse mercado. Os animais são transportados de carro do Amazonas, Pará, Maranhão, Piauí, Bahia, Pernambuco e Mato Grosso até o Rio de Janeiro ou São Paulo. Dalí são contrabandeados para fora do país, escondidos em cargas de avião ou barco[192]. Os contrabandistas forjam certificados sobre os animais, escondem-nos dentro de malas ou outros compartimentos, e até os colocam junto aos animais transportados legalmente, com o intuito de confundir as autoridades. Recentemente, contrabandistas vêm fazendo uso dos Correios para exportar animais ilegalmente. Em 2006, o Ibama apreendeu 51 escorpiões da fauna nativa brasileira que estavam sendo enviados à Suíça e 200 aranhas em embalagens postais para a Alemanha[193].

2. O papel do contrabando na proliferação de doenças

O contrabando de animais pode se tornar um veículo para proliferação de doenças, contaminando outros animais ou pessoas. No ano 2000, a cidade de Joia, no Rio Grande do Sul, entrou em crise depois da descoberta de uma epidemia de febre aftosa que atingiu bovinos, suínos e ovinos dos rebanhos locais. Na época, 11 mil animais suspeitos de estarem com a doença foram sacrificados. Em 2001, nove meses depois do primeiro incidente, a cidade de Santana do Livramento, no Rio Grande do Sul, na divisa com Rivera, no Uruguai, decretou estado de emergência depois de descobrir que seu rebanho estava infectado com a febre aftosa. Nesse mesmo ano, a Unafisco publicou um dossiê alegando que o surto de febre aftosa no Brasil poderia ter sido causado pela entrada ilegal de bovinos no país. O documento alega que a contaminação no Rio Grande do Sul pode ter sido causada por três bovinos transportados ilegalmente do Paraguai para a Argentina e depois para quatro estados da fronteira do Mercosul[194]. Em 2005, um novo foco da doença foi encontrado no Mato Grosso do Sul. O governo do estado já havia enviado três meses antes um documento ao Ministério da Justiça pedindo que intensificasse a fiscalização na área de fronteira com o Paraguai para controlar o contrabando de animais que contribuiria para a transmissão da doença[195].

O contrabando de animais silvestres também expõe seres humanos a sérias doenças e pode propagar epidemias. Em janeiro de 2004, várias ONGs internacionais reuniram-se sob o nome Wildlife Trust Alliance na Índia para discutir a disseminação de doenças por meio de animais. Os representantes alertaram que se não surgirem leis mais rígidas para controlar o comércio ilegal de animais silvestres, doenças graves como a Aids, a superpneumonia e a gripe do frango aparecerão com mais frequência. Os vírus da Aids e do Ebola, que teriam sido transmitidos por macacos usados como alimento na África, são exemplos[196].

A falta de fiscalização vem se agravando nos últimos anos. Em janeiro de 2004, um relatório da Secretaria de Estado de Agricultura de São Paulo alegou que existem no estado somente 113 profissionais para fiscalizar o tráfico de animais, inspecionar vacinações e atender animais doentes. Significa que cada veterinário que trabalha para o governo de São Paulo é responsável por 127,7 mil cabeças de gado. Em 1999, a situação era melhor e havia um veterinário para cada 83,7 mil animais[197]. Realmente é impossível ter um veterinário para cada mil cabeças de gado. Mas a falta de profissionais agrava o problema da contaminação. Não existem fiscais suficientes para combater o contrabando nas fronteiras. Quando os animais entram no país, não há veterinários suficientes para controlar as vacinações e detectar as doenças. São eles que certificam se os animais estão sendo vacinados e se os pecuaristas seguem as regras estabelecidas pelas leis de defesa sanitária. Além disso, quando existe suspeita de doenças, os veterinários públicos são convocados e devem rapidamente entrar em ação para controlar o problema e evitar a contaminação. Com a falta de profissionais, isso nem sempre é possível.

3. O papel da população no mercado do contrabando

Assim como as drogas, o contrabando animal se mantém não só pela falta de fiscalização, mas também pelo interesse do consumidor. No Rio de Janeiro, o batalhão da guarda florestal faz blitz todo fim de semana em feiras clandestinas, e chega a resgatar mais de 100 animais de cada vez. Mas a fiscalização não é suficiente e, além disso, o pagamento de propinas pelos contrabandistas facilita sua ação. Para estes é muito lucrativo vender animais em feiras. Os consumidores, por falta de consciência, negligência em relação à saúde do animal e vantagem do preço baixo, continuam comprando. Há praticamente uma cultura no Brasil que aceita a venda de animais em feiras com total indiferença.

Esse problema existe não só no Brasil, mas também em vários outros países onde o combate ao tráfico de animais não tem prioridade na agenda do governo. Desde 1973, mais de 160 países assinaram o tratado da convenção sobre o Comércio Internacional das Espécies da Fauna e da Flora Selvagem Ameaçadas de Extinção — Cites[198], que disciplina o comércio das espécies protegidas, só deixando passar nas fronteiras as acompanhadas por certificados emitidos pelas autoridades do país de origem autorizando a sua exportação. O objetivo do tratado é regular a exportação, a reexportação e a importação de espécimes vivos de animais e plantas, de suas partes e derivados, utilizando um sistema de licença e certificados. Infelizmente, mesmo depois de 30 anos, muitos países ainda não seguem o tratado como deveriam.

Em 2002, uma pesquisa feita pela Organização das Nações Unidas (ONU) concluiu que vários países não levam o tratado a sério e não consideram o contrabando de animais um crime grave, apesar de ter se tornado um problema, fora do controle das autoridades, como acontece com o tráfico de drogas. Na Grã-Bretanha, a pena máxima por contrabando de animais é de dois anos, mas ela nunca foi imposta. O mesmo acontece no México, onde raramente alguém vai para a cadeia ou é multado acima de 15 mil dólares. Em 1999, o Ministério do Meio Ambiente da Colômbia concluiu que 7 milhões de répteis, papagaios, rãs, macacos, aranhas e outras espécies são contrabandeados para fora do país anualmente, dando ao mercado ilegal um lucro de 40 milhões de dólares por ano[199].

Além do interesse do consumidor que sustenta o mercado ilegal, a população carente também é responsável por mantê-lo atuante. Os contrabandistas exploram as comunidades pobres trocando comida pelos animais ou pagando uma quantia irrisória por eles. O traficante consegue comprar uma jararaca por 1 dólar no Brasil e vendê-la por 300 dólares no mercado exterior[200]. Em 2003, o governo realizou uma CPI (Comissão Parlamentar de Inquérito) para investigar o tráfico ilegal de animais e plantas silvestres da fauna e da flora brasileira[201]. O relatório concluiu que parte do problema está na estrutura social do tráfico. A maioria dos fornecedores são pessoas extremamente pobres ou desempregadas residentes em áreas com muitos problemas sociais e que também sofrem com a falta de atividades produtivas.

Outra população explorada pelos traficantes são os índios. Pela lei brasileira, eles podem matar animais para se vestir, comer ou usar em rituais. Os restos dos animais mortos para consumo também podem ser utilizados para o artesanato indígena. Hoje, os contrabandistas se aproveitando disso pagam aos índios para abater animais silvestres. Esse tipo de caça é ilegal. Em maio de 2004, a

Polícia Federal prendeu várias pessoas, inclusive empregados da Fundação Nacional do Índio (Funai), contrabandeando artesanato para os Estados Unidos e a Europa. A Polícia Federal conseguiu apreender recibos com valores pagos aos índios pelos animais. A unha de um tatu-canastra é comprada por 5 reais, a presa de uma onça-pintada, por 9 reais, e o bico de um tucano, por 4 reais. Outros produtos de interesse são peles de mamíferos, penas de pássaros em extinção, chifres e carcaças de diversos tipos de animais[202].

Dois outros fatores que contribuem para o crescimento do comércio ilegal de animais e plantas são o envolvimento das máfias que tradicionalmente trabalham com drogas e armas e o uso da internet, que facilita a comunicação entre vendedores e compradores. Estes podem negociar nas salas de chat, e os usuários compram de sites que aparecem em um dia e desaparecem em outro. Alguns deles aparentam ser perfeitamente legais. Os consumidores veem animais à venda na internet e acreditam que seja legal comprá-los. No combate ao tráfico, é importante não só a fiscalização mas também a atitude do consumidor. O melhor é evitar a compra de animais raros na internet, pois é praticamente impossível saber sua procedência.

4. Trabalho de conscientização para combater o tráfico

Apesar do aumento do contrabando, também existem no Brasil vários grupos que informam e conscientizam o consumidor sobre a triste realidade da vida desses animais. Uma das organizações que estão tendo muito sucesso nessa área é a Rede Nacional de Combate ao Tráfico de Animais Silvestres (Renctas), criada pelo ambientalista Dener José Giovanini. Seu trabalho tem sido tão importante no Brasil, que em outubro de 2003 ele ganhou o prestigiado prêmio Sasakawa da Organização das Nações Unidas. Segundo a Renctas, a obtenção ilegal de animais no Brasil tem como objetivo fornecer exemplares para colecionadores particulares e zoológicos; animais para fins científicos (biopirataria) e para comercialização internacional em pet shops. Para combater esse tipo de tráfico, Giovanini inventou um método utilizado em vários lugares da América Latina. A Renctas coordena programas contra o tráfico ilegal que envolvem uma constante comunicação entre a polícia, funcionários de aduana e mais de 230 veterinários voluntários que se encarregam de animais confiscados em aeroportos. Além disso, ela é encarregada de conscientizar e educar a população sobre o assunto por meio de projetos feitos em escolas e universidades. Também apoia órgãos responsáveis pela fiscalização e promove pesquisas ligadas à conservação da fauna no Brasil.[203]

Internacionalmente, o maior grupo do mundo que monitora o tráfico de animais é o Traffic, criado pelo World Wildlife Fund e pela World Conservation Union. A organização ajuda governos e grupos ambientais a coletar informações e combater o tráfico. No começo de 2004, membros do Traffic investigaram lojas que vendem remédios naturais chineses em San Francisco e Nova

York, nos Estados Unidos. Descobriram que quase todas as 60 lojas visitadas vendiam remédios feitos à base de animais em extinção. Os chineses utilizam ossos de tigre para curar artrite, atrofia muscular e impotência sexual. Chifres de rinocerontes também são comuns no tratamento popular contra febre e convulsões. A descoberta feita pelo Traffic ajudou quatro membros do governo da cidade de Nova York a introduzir uma legislação para combater a venda desse tipo de remédio[204]. Na própria China, a venda de ossos de tigre está banida desde 1993, mas ainda ocorre frequentemente no mercado informal. A eficácia da utilização de ossos de tigres na medicina é apenas um mito. Não há nenhuma prova que sejam benéficos para a saúde humana. Pelo contrário, muitos cientistas acreditam que sejam inúteis e que simplesmente alimentam um mercado fraudulento[205].

Em 2007, o Traffic publicou uma pesquisa alertando que algumas populações de rinocerontes na África (principalmente Zimbábue e na República Democrática do Congo) estão em sério perigo de extinção por causa do tráfico de seu chifre. Ele é vendido principalmente para a Ásia

> ## Curiosidades
>
> Em maio de 2004, um elefante jovem foi morto a tiros em Bangladesh, na Índia, por contrabandistas que queriam seu chifre. Vinte elefantes que presenciaram o ocorrido se revoltaram e destruíram 50 barracos na região, forçando mais de mil pessoas a correr para escapar do massacre. Parte do grupo dos elefantes ainda ficou perto do corpo do elefante morto para protegê-lo contra os caçadores. Essa enorme agonia e destruição desnecessária ocorreu simplesmente para que uma única pessoa na Europa ou nos Estados Unidos comprasse um peça rara para decorar sua casa.
>
> Fonte: Mourning elephants ransack southern Bangladesh village after killing (2004, 23 de maio). *Associated Press Newswire.*

e o Oriente Médio onde é usado em remédios e em confecção de cabos de facas tradicionais [206].

5. Dicas ao consumidor

Os consumidores devem sempre estar atentos e não comprar de forma alguma pedaços de animais contrabandeados. Nunca se deve comprar marfim, produtos provenientes de tartarugas marinhas, corais, plantas e animais selvagens em feiras livres, na rua ou pela internet.

XII.

_____

A CAÇA ILEGAL DE ANIMAIS

"Descubra uma outra maneira de provar a sua
masculinidade que não seja atirar em animais
e pássaros indefesos."

H. Jackson Brown Jr.

A CAÇA ILEGAL É UM SÉRIO problema que se agrava principalmente nos países da Ásia e África. Populações de felinos, elefantes, rinocerontes, gorilas e muitas outras estão desaparecendo. Os animais são mortos para o uso de sua pele, chifres, garras, ossos, por serem predadores de outros animais, ou ainda puramente por diversão e maldade.

1. O extermínio dos nossos primos

Um terço dos primatas no mundo está sob ameaça de extinção. Em 2003, um relatório do Programa Ambientalista das Nações Unidas alertou que bonobos, gorilas, chimpanzés e orangotangos podem desaparecer em 50 anos[207].

A vida dos primatas na África é seriamente afetada por conflitos étnicos e guerras. Muitos deles morrem ao atravessar áreas onde foram colocadas minas ou avistaram alimento. O problema é comum em territórios da Libéria, Congo, Serra Leoa e Ruanda[208].

Dos gorilas, só restam cerca de 100 mil. A caça para o comércio ilegal mata 4 mil chimpanzés e 3 mil gorilas na África todo ano. Guerras, mineração, desmatamento, doenças e o mercado da carne desses animais contribuem para a extinção da espécie[209]. Eles também sofrem com a caça mesmo quando não são o alvo da perseguição. Muitas vezes ficam presos em armadilhas para antílopes e porcos selvagens. Para se soltar, eles arrebentam a armadilha, empregando tanta força que acabam mutilando ou perdendo seus membros. Após estudar chimpanzés adultos em comunidades das florestas Tai e Budando, na África, os pesquisadores concluíram que entre 40% e 50% desses animais haviam perdido a mão ou o pé dessa maneira grotesca[210]. Outra maldade é matar a mãe do chimpanzé para ficar com o filhote e vendê-lo como animal de estimação ou para atração em hotéis e pontos turísticos[211].

a. A personalidade dos chimpanzés

Jane Goodall, uma das cientistas mais famosas do mundo, passou a vida inteira trabalhando com todos os tipos de primatas. Segundo ela, os chimpanzés têm um nível intelectual altíssimo. Eles apresentam excelente memória, são capazes de planejar para o futuro próximo, conseguem reter e aplicar lições aprendidas em diferentes e novas situações, têm capacidade de generalização e abstração, sabem resolver problemas simples, entendem sua própria existência, conseguem detectar se outros estão de bom ou mau humor, apresentam senso de humor e são capazes de sentir emoções parecidas com as humanas, como tristeza, felicidade, irritação, medo e desespero[212]. Durante suas pesquisas, Goodall concluiu que a relação entre pais e filhos de chimpanzés é muito parecida com a relação entre pais e filhos de humanos. Por exemplo, os chimpanzés desenvolvem ferramentas como varas para agarrar cupins e ensinam a técnica aos filhos, que passa de geração a geração, formando sua cultura[213].

b. A população atual de chimpanzés

Há cem anos, um milhão de chimpanzés morava em 25 países africanos. Hoje, menos de 150 mil são encontrados em somente seis países da África. A caça para o comércio ilegal mata 4 mil chimpanzés na África todo ano[214].

Um estudo feito pela Universidade Estadual da Califórnia-Fullerton concluiu que a subespécie de chimpanzé mais ameaçada é a *Pan troglodytes vellerosus*, encontrada principalmente na Nigéria. Só restam 8 mil desses animais, que podem desaparecer definitivamente em 20 anos. Três outras subespécies também podem se extinguir nos próximos 41 a 53 anos, se nada for feito[215].

c. A personalidade dos gorilas

Além dos chimpanzés, os gorilas também são muito inteligentes. A Fundação para o Gorila em Woodside, no estado da Califórnia, treina primatas na comunicação

Curiosidade

O bonobo é um tipo de chimpanzé que tem 98% de genes humanos e só é encontrado no Congo. A espécie é extremamente pacifista, nunca briga por território, nunca mata, e a maioria dos conflitos são resolvidos com o contato sexual. Além disso, eles são inteligentes e capazes de se comunicar. A respeitada bióloga Sue Savage-Rumbaugh trabalha com eles há 25 anos. Ela conseguiu ensiná-los a utilizar diagramas com símbolos para se comunicar com humanos. Kanzi, um dos mais famosos bonobos com quem ela trabalha, na Universidade da Georgia, nos Estados Unidos, é capaz de apontar para símbolos para formar frases. Acostumado a conviver com humanos e tendo sido ensinado a escutar inglês o tempo todo, Kanzi também compreende algumas frases. Quando Sue diz a Kanzi: "Pega o tomate que está no micro-ondas", ele vai e pega o objeto correto, mesmo que haja outros perto do tomate. Os bonobos podem até mostrar quando estão felizes, tristes ou com dor[1]. Na última guerra do Congo, civis e militares começaram a matar e comer os bonobos. Milhares de filhotes ficaram órfãos e acabaram morrendo. Como os homens, eles estão acostumados a depender da mãe nos primeiros anos de vida. Devido aos constantes conflitos no Congo, os cientistas não conseguem avaliar quantos bonobos foram afetados, mas muitos temem que a espécie esteja próxima da extinção. Alguns estimam que só restam 10 mil bonobos no mundo[2].

Fonte 1: McNeil, D. Talking with (and about) animals: Linguist aims to debunk notions of language skills but researchers cite evidence of chatty apes, dogs. (2004, 12 de setembro). *The Toronto Star*.

Fonte 2: Sengupta, S. In Congo, war makes orphans of gentle bonobos. (2004, 4 de maio). *The New York Times*.

com humanos usando sinais, como os utilizados por pessoas surdas. Em 2004, um de seus gorilas, a fêmea Koko, começou a reclamar de dor de dente usando esses sinais e apontando para um dente molar na parte superior esquerda da boca. Os cientistas começaram a lhe dar remédios para a dor, e um deles criou um diagrama com uma escala de 1 a 10 para saber o nível da dor que a gorila estava sentindo e se os remédios estavam ajudando. Koko então apontou para um dos níveis mais altos da escala, e os cientistas resolveram operá-la para a remoção do dente. Agora a gorila passa bem. Hoje, Koko domina mais de mil sinais[216]. Esse experimento foi muito importante ao examinar a capacidade de consciência. Como seres humanos, temos consciência de nós mesmos e do mundo ao nosso redor porque somos capazes de compartilhar experiências por meio da linguagem. Já que não podemos nos comunicar com os animais, não sabemos concretamente no que estão pensando. Até pouco tempo, conclusões eram baseadas apenas em observações comportamentais. A possibilidade de se comunicar com gorilas por meio de sinais abre uma grande porta para a etologia cognitiva, já que podemos compreender melhor o que se passa em sua mente.

> ### Curiosidade
>
> De acordo com um relatório publicado em 2007 pela União Internacional de Conservação da Natureza, pela primeira vez os primatas brasileiros foram removidos da lista das 25 espécieis mais ameaçadas.
>
> Fonte: The IUCN Red List of Threatened Species (2007). *The World Conservation Union*. Acessado em 20 de outubro de 2007. http://www.iucn.org/themes/ssc/redlist.htm

d. A população atual de gorilas

Os gorilas podem ser divididos em quatro subespécies: gorila-das-montanhas (gorila beringei beringei), encontrado em Uganda, Ruanda e Congo; gorila graueri (gorilla gorilla graueri), encontrado no Congo; gorila-das-planícies (gorilla gorilla gorilla), encontrado na República dos Camarões, Congo, Gabão, Guiné Equatorial e Angola; e gorila cross river (gorilla gorilla diehi), presente em oito regiões na República dos Camarões e Nigéria. A população dos gorilas-das-montanhas é de aproximadamente 700 indivíduos, e quase foi extinta. Desde 1980 houve um pequeno aumento em sua população, graças a esforços para sua conservação. Os gorilas graueri, por estarem na República do Congo, são constantes vítimas de conflitos locais. Sua população é hoje de 16 mil indivíduos, 13% de sua média histórica. Os gorilas-das- planícies são os mais numerosos, com 94 mil animais. Os pesquisadores calculam que, devido à caça e às doenças, principalmente ao vírus Ebola, a população pode ter diminuído 56% nos últimos anos. Os gorilas cross river estão praticamente extintos. Só há 200 dessa espécie[217].

e. A personalidade dos orangotangos

Os orangotangos, que têm parentesco mais longínquo com os homens, sabem se comunicar muito bem. Em 2007, pesquisadores da Universidade de St. Andrews, na Escócia, fizeram testes com seis orangotangos para descobrir se eles adaptam seu método de comunicação conforme o interlocutor. Humanos automaticamente mudam a maneira de se expressar dependendo de com quem falam, o que ajuda a compreensão do interlocutor. Os cientistas investigaram se os orangotangos faziam o mesmo. Para isso, colocaram os animais perante funcionários que tinham na mão alimentos mais e menos saborosos. Quando os orangotangos gesticulavam, os funcionários davam o alimento saboroso, uma opção "sem graça" ou a metade do alimento saboroso. Quando recebiam o alimento mais saboroso, eles aceitavam, mas quando recebiam o mais "sem graça", os orangotangos, para se fazer entender melhor, passavam a usar gestos diferentes. Quando recebiam apenas metade do alimento mais saboroso, repetiram os mesmos gestos usados inicialmente, mas com mais entusiasmo para significar que queriam mais. Os cientistas assim concluíram que os orangotangos são capazes de entender a reação do interlocutor e ajustar sua própria forma de comunicação[218].

f. A população atual de orangotangos

Os orangotangos são os únicos grandes macacos fora da África. Assim como os outros, eles estão sendo exterminados.

🐾 Cerca de mil são mortos todos os anos. Estima-se que, se esse número não diminuir, os orangotangos desaparecerão em 20 anos[219].

g. Projetos para a proteção dos primatas

Em vários países da África, como a República dos Camarões, existem leis contra a caça de primatas para o comércio, mas raramente elas são cumpridas. Em 2003, foi fundada a ONG The Last Great Ape Organization Cameroon (Laga), na República dos Camarões, para a proteção de gorilas e chimpanzés. A Laga tem tido sucesso no combate à caça ilegal por meio de uma estratégia que abrange quatro áreas: investigação, operação, assistência legal e mídia. Investigadores coletam informação e provas detalhadas sobre os caçadores, redes de contrabandistas, transportes e procedimentos usados no tráfico dos animais para que os criminosos sejam condenados e presos. Em termos de atuação, os membros da Laga ajudam o Ministério do Meio Ambiente da República dos Camarões a supervisionar operações contra a caça, prender caçadores e denunciá-los à justiça. A Laga dispõe de uma equipe de advogados empenhados nesse trabalho. Na televisão, rádio e jornais, o grupo mostra as vitórias já atingidas, e também educa a população sobre a lei e as consequências dos crimes contra esses animais. Em 2003, pela primeira vez na história do país, a Laga e o Ministério do Meio Ambiente conseguiram levar à justiça e condenar um indivíduo que desobedeceu à lei contra a caça e o contrabando de animais[220].

Outras organizações, como a americana The Bushmeat Crisis Task Force (Comitê Americano para a Crise da Carne de Macaco) e a europeia The Ape Alliance in Europe (Associação dos Macacos na Europa), estão trabalhando juntas e desenvolvendo métodos como os da Laga para controlar e eliminar a caça e o mercado ilegal de primatas. Isso prova que existem soluções para conter a matança desses animais. O importante é que haja interesse político, apoio do governo, força e ajuda das comunidades locais e agências sem fins lucrativos. A ação social pode fazer diferença nessa luta.

MANIFESTO PELOS DIREITOS DOS ANIMAIS **129**

2. A caça ilegal de felinos

a. A população atual de tigres

Pesquisadores calculam que a população mundial de tigres diminui em 95% desde o começo do século XX.
Três subespécies de tigres, os de bali, javanês e cáspio, já
não existem mais. Hoje só sobram entre 5 mil e 7 mil
dos tipos tigre-siberiano (*Panthera tigris altaica*), tigre-
de-bengala (*Panthera tigris tigris*), da Indochina (*Panthera tigris corbetti*), do sul da China (*Panthera tigris amoyen-
sis*) e o sumatra (*Panthera tigris sumatrae*).

Apesar de todos estarem sob ameaça de extinção, são
caçados frequentemente para abastecer o comércio de
pele, de medicinas alternativas e por causa de suas garras
e dentes, usados em adornos e suvenires. Também morrem devido ao aumento da população humana, da destruição ambiental e da ação de fazendeiros. Os sumatras
são encontrados somente na ilha de Sumatra, na Indonésia. Pelo menos 50 tigres desse tipo são caçados todo
ano. Estima-se que atualmente só restem entre 400 e 500
deles livres e 210 em zoológicos. Os tigres-de-bengala
existem na Índia, Nepal, Bangladesh, Butão, China e
Myanmar. Hoje restam entre 3.100 e 4.500 deles. Um
dos tigres mais bonitos do mundo, o tigre branco, é dessa raça, mas raramente é visto. Existem entre 1.200 e
1.800 tigres da Indochina. Eles são encontrados na Tailândia, Myanmar, sul da China, Camboja, Laos, Vietnã
e península da Malásia. Na Rússia, na China e na Coréia
do Norte estão os tigres siberianos. Só de 360 a 406
deles permanecem em liberdade. Em área de conservação

são mantidos 490. Os tigres do sul da China encontrados no leste e centro da China são de menor população: apenas 20 a 30 são livres, e 47 vivem em zoológicos[221].

b. A população atual de leopardos-das-neves

O leopardo-das-neves (*Panthera uncia*) é outro felino sob séria ameaça de extinção. Ele vive em grandes altitudes, principalmente nas montanhas do norte da China e no Himalaia. Sua pele branco-acinzentada, com uma leve tonalidade amarela e manchas escuras, é espessa e macia para aguentar o inverno rigoroso. A fome, a caça e a perda de seu hábitat estão acabando com a espécie. Sua pele é usada para fazer casacos, e os ossos são muito empregados na medicina tradicional chinesa. Para agravar o problema, o número de criadores de gado vem aumentando nas regiões onde os leopardos-das-neves vivem. A atividade pecuária força carneiros e ovelhas selvagens a migrar. Sem sua principal fonte de alimentação, os leopardos atacam o gado e acabam mortos pelos criadores. Estima-se que atualmente sua população seja tão pequena quanto a dos tigres ameaçados de extinção, devendo restar entre 4 mil e 7 mil exemplares[222].

c. A população atual de leões

Até 2003, a população mundial de leões era considerada vulnerável, mas não ameaçada de extinção. Esse cenário mudou quando dois cientistas, Hans Bauer, da

MANIFESTO PELOS DIREITOS DOS ANIMAIS **131**

Universidade de Leiden, e Sarel van der Merwe, do African Lion Working Group (Grupo de Estudo de Leões Africanos), publicaram em 2004 um artigo mostrando que a população de leões, que em 1994 era de 100 mil, baixara para 23 mil[223]. Hoje, os leões só existem na África e na Índia. Na Índia, a população é de apenas 300 exemplares[224].

d. A população atual de onças-pintadas

Nos últimos 100 anos, o jaguar, ou onça-pintada, encontrado no sul dos Estados Unidos, México, América Central e América do Sul, perdeu metade de seu hábitat. Na América Central, a destruição de florestas e savanas onde vivem os animais foi de 65%, e no Brasil, de 58% nos últimos 100 anos[225]. As áreas remanescentes estão fragmentadas por causa da atividade madeireira e de fazendas. Em 1999, cientistas da Wildlife Conservation Society identificaram 51 áreas de conservação em 16 países, desde o México até o norte da Argentina, necessárias para a sobrevivência da espécie[226].

e. Projetos para a proteção dos felinos

Atualmente, contamos com várias reservas ambientais para proteger os grandes felinos. Mesmo assim, sua população continua a diminuir. Isso por causa do aumento da população humana, do desrespeito ao animal, e porque os grandes felinos não podem viver em espaços limitados. Por natureza, eles são territorialistas e gostam de viajar quilômetros em busca de animais para caçar.

Os tigres que vivem no leste da Rússia chegam a percorrer uma área de 1.000 quilômetros quadrados para caçar, e as chitas, da Namíbia, 1.500 quilômetros quadrados. É difícil criar para os felinos reservas grandes o suficiente e que ao mesmo tempo não atrapalhem as atividades agrícola e pecuária locais. Os animais que vivem fora das reservas ou que atravessam a fronteira por acaso acabam sendo mortos por fazendeiros, cortadores de madeira, agricultores ou pela população local[227].

Os ambientalistas tentam soluções para que os homens e os grandes felinos possam coexistir, de maneira que os animais tenham seu território e a população local continue suas atividades agropecuárias. Com esse objetivo, biólogos no Rancho de Mugie, no Quênia, ensinam fazendeiros a construir cercas mais altas feitas de galhos de árvores locais para evitar que os leões entrem nas fazendas. Durante o dia, quando sai da fazenda, o gado é acompanhado por um homem armado que atira para o ar para afastar os leões. Essa solução parece simples, mas custa ao fazendeiro 350 dólares por leão no território. É mais barato matá-lo. Para que isso não aconteça, os cientistas, junto com a população local, incentivam o turismo[228].

A Namíbia tem a maior população de chitas na África, 3 mil exemplares. Essa espécie está sendo dizimada a tiros pelos fazendeiros, para prevenir o ataque a seu gado. Para resolver o problema, o Cheetah Conservation Fund (Fundo de Conservação de Chitas) tem importado cachorros da raça *Anatolian shepherds* diretamente da Turquia. Os cães são treinados e dados aos fazendeiros para ajudá-los a manter as chitas fora das fazendas[229].

Cerca de 50% dos filhotes de tigres-siberianos são mortos em seu primeiro ano de vida, pois a raça é altamente cobiçada por causa de sua pele. Para evitar que a espécie desapareça, os cientistas colocaram coleiras elásticas especiais em tigres com menos de 6 meses da Reserva Sikhotr-Alin, na Rússia. As coleiras monitorizam os movimentos dos animais, e se eles ficam parados por mais de uma hora, os cientistas são informados e correm então para o local a fim de descobrir se foram mortos e, se possível, pegar o culpado. Dessa maneira, buscam-se soluções para protegê-los, aumentando sua população. A coleira é feita de maneira que não machuque o animal; elas esticam e caem do pescoço do filhote depois de 18 a 21 meses[230].

Os pesquisadores também acreditam que seja necessário aumentar o território dos felinos para assegurar sua sobrevivência. Entre uma reserva protegida e outra, existem áreas de grande população humana. Leões, tigres, chitas e outros não podem passar de uma área à outra e ficam restritos a um espaço menor do que precisam. A recomendação dos estudiosos é criar caminhos para que o animal possa atravessar livremente para outra reserva. Muitos temem que os caminhos possam colocar as pessoas em perigo, mas esse medo é injustificado, pois os felinos tentam manter distância de humanos. Seu interesse é sempre voltado para outros animais. São raros os ataques de grandes felinos, apesar de, quando ocorrem, ganharem destaque em jornais. Não se sabe de nenhum caso em que um jaguar ou onça-pintada, chita, leopardo-das-neves ou uma espécie de leopardo arborícola do sul da Ásia tenha atacado o homem. Na Índia, entre 30 e 40 pessoas são mortas por tigres anualmente. Esse é um número muito baixo, comparado aos 20 mil que morrem por mordida de cobras[231].

A Índia é a pioneira na proteção aos felinos e vem melhorando a unificação de reservas ambientais. Em 2001, os governos indiano e do Nepal, com a contribuição de vários grupos ambientalistas, criaram um projeto, o Terai Arc Landscape Program, para unificar 11 reservas. O projeto levará 50 anos para ser concluído, mas irá formar um território em que tigres, elefantes, rinocerontes, veados e outros poderão ficar sem precisar ser divididos em reservas separadas. Os fazendeiros também não terão que se deslocar. O programa já funciona na Floresta Bagmara, do Nepal. A população local plantou árvores que serão empregadas para a colheita sustentável de madeira e para os tigres usarem como abrigo. Muitos dos animais já retornaram para a área. Em 2003, a população local arrecadou 73 mil dólares de turistas que foram ver tigres, elefantes e rinocerontes[232].

3. A caça ilegal dos elefantes e rinocerontes

a. A indústria do marfim

Na África, a população de elefantes diminuiu de 1,3 milhão em 1979 para 600 mil em 1987 devido à caça. Nessa época, até mil elefantes eram mortos por dia. A venda e compra de marfim se tornaram ilegais em 1989 pela Convenção sobre o Comércio Internacional de Espécies em Perigo de Extinção (Cites)[233]. Infelizmente, essa prática continua. Em 2007, membros da Cites se encontraram e decidiram que devem ser implementadas leis mais rígidas para banir o comércio do marfim. Eles também discutiram como deter o crescimento do contrabando pela internet e programas para ajudar comunidades pobres que dependem do comércio ilegal do marfim a encontrar formas de trabalho alternativas[234].

Segundo o International Fund for Animal Welfare (Fundo Internacional para o Bem-Estar dos Animais), os elefantes e rinocerontes brancos que vivem no Parque Nacional de Garamba, no noroeste da República Democrática do Congo, também estão em sério perigo de extinção devido à caça ilegal. Entre 1995 e 2003, a população de elefantes brancos que vivem nessa área diminuiu de 11 mil para 1.453. A situação dos rinocerontes brancos é ainda pior, pois atualmente eles só são encontrados nessa região. Seu número caiu, nos últimos 40 anos, de 1.500 para apenas 100. O Parque foi declarado Patrimônio da Humanidade pela Unesco em 1980, mas mesmo assim sofre constantemente com a destruição humana. Caçadores, muitos de milícias locais, matam os animais para comer e vender os chifres. O interesse é grande, principalmente nos países ricos, para uso em ornamentos e joias feitos de marfim[235]. No mercado internacional, o quilo do marfim pode ser negociado por 500.237 dólares[236].

b. Projetos para a proteção dos elefantes e rinocerontes

Para salvar os poucos elefantes e rinocerontes brancos que restam, o Fundo Internacional para o Bem-Estar dos Animais estabeleceu uma associação com o Institut Congolais pour la Conservation de la Nature (Instituto Congolês para Conservação da Natureza). Os dois grupos oferecem treinamento aos funcionários do Parque Nacional de Garamba e às comunidades locais para impedir as ações dos caçadores. O desafio é grande, já que estes se organizam em grupos e andam fortemente armados[237].

Outro admirável esforço está sendo feito em Nairóbi, no Quênia, onde a cientista Daphne Sheldrick, uma das mais respeitadas especialistas do mundo em elefantes, rinocerontes e outros grandes mamíferos, criou um orfanato para filhotes de elefantes. Os filhotes cujos pais são mortos por caçadores nunca os abandonam. Eles ficam juntos ao corpo até morrerem de fome ou serem atacados por predadores. Para salvá-los, Sheldrick criou um orfanato onde empregados extremamente dedicados cuidam dos animais até completarem 2 anos, quando são devolvidos ao seu hábitat. Os filhotes são muito sensíveis e precisam de cuidados 24 horas. À noite, às vezes, acordam assustados e são confortados pelos tratadores. Durante o dia, em situação normal, eles viveriam sob a proteção de elefantes adultos, mas nos orfanatos, são cobertos com capas de chuva, cobertores, protetores solares e até guarda-chuvas para resguardá-los do sol e da chuva[238].

Um outro esforço de natureza científica também pode ajudar no combate à caça ilegal do marfim. Pesquisadores da Academia Americana de Ciências recolheram amostras de tecidos e material fecal de elefantes em 16 países da África. Eles colocaram as informações encontradas em um banco de dados, permitindo assim mapear a origem genética dos elefantes e determinar qual a comunidade ou região a que eles pertencem. Quando é apreendido um elefante morto ou parte dele, os cientistas sabem sua procedência. Isso ajuda na identificação de áreas de maior incidência de caça ilegal e no desenvolvimento de um projeto estratégico para proteger os elefantes.

4. A caça ilegal na Mata Atlântica

a. Situação atual da Mata Atlântica

A Mata Atlântica também tem sofrido com a caça e o desmatamento ilegal. Em 2004, o *Jornal Nacional* fez uma reportagem sobre o efeito desse desmatamento nos animais locais. A Mata Atlântica tinha 1,3 milhão de quilômetros quadrados, ocupando 15% do território brasileiro. Até hoje, 93% da floresta foi destruída. Das 400 espécies ameaçadas de extinção no Brasil, 70% se encontram nessa região. Elas estão desaparecendo por causa do desmatamento e do comércio ilegal de animais silvestres.

b. Exemplos de animais em risco de extinção

Os últimos micos-leões-de-cara-dourada vivem numa reserva do Ibama. Em 2002 existiam 600; em 2004, só 500. Com a diminuição da mata, os micos passaram a brigar por comida. A situação é tão grave que estão praticando canibalismo. Segundo os biólogos, isso indica que a espécie percebeu que não pode mais se expandir. Faltam comida e espaço, e daqui a 50 anos eles podem desaparecer por completo. Para salvar os micos-leões medidas urgentes devem ser tomadas. São necessários pelo menos 25 mil hectares de mata para manter uma população de 2 mil micos-leões, o mínimo para evitar a extinção da espécie.

Outro animal que corre grande perigo de extinção é a preguiça, que está sendo caçada por contrabandistas. Biólogos as encontram machucadas, mutiladas e com as unhas arrancadas ou até mortas. Apesar do tratamento, do carinho e do amor dispensados por biólogos quando as encontram doentes, 50% das resgatadas acabam morrendo.

A caça também deixa filhotes de macacos órfãos durante a amamentação e, se não morrem, acabam ficando desnutridos. Os muriquis, também conhecidos como macacos hippies, por serem dóceis e pacíficos, também estão sumindo. Segundo a ONU o muriqui-do-norte (*Brachyteles hypoxanthus*) está entre as 25 espécies primatas mais ameaçadas do mundo, com o número limitado de 500 exemplares. A outra subespécie, muriqui-do-sul (*Brachyteles arachnoides*), só possui 1.500[239] exemplares. Somente 30% dos animais que são resgatados conseguem se recuperar o suficiente para serem devolvidos a seu hábitat.

5. A caça ilegal de aves

a. Situação atual das aves no mundo

O relatório "O Estado do Mundo, Pássaros 2004", publicado pela respeitada BirdLife International, deu grande atenção à grave ameaça que os seres humanos representam para o meio ambiente. Atualmente 12% das aves no mundo, equivalentes a 1.211 espécies, estão ameaçadas de extinção. Desse total, 179 estão gravemente ameaçadas, 344 enfrentam um risco elevado e 688 estão vulneráveis. Das espécies ameaçadas, 966 contam com uma população menor que 10 mil; 502, com uma população menor que 2.500; e 77, com uma população menor que 50.240[240].

🐾 Cientistas do Centro de Conservação Biológica (CCB), da Universidade de Stanford, confirmaram os resultados encontrados pela BirdLife International. Os pesquisadores concluíram que até 2100 entre 6% e 14% de todas as aves do mundo desaparecerão e por volta de 25% estarão sob perigo de extinção[241].

Outra pesquisa feita pela National Audubon Society (Sociedade Nacional Audubon) revelou que 30% dos pássaros da América do Norte estão desaparecendo. Pesquisadores, juntando as informações sobre 654 pássaros entre 1996 e 2003, chegaram à conclusão de que o declínio não faz parte de um ciclo normal de crescimento, mas representa a diminuição do número de aves[242].

Todo ano a União Internacional para a Conservação da Natureza e dos Recursos Naturais (IUCN) publica a Lista Vermelha, um dos mais detalhados inventários do mundo sobre o estado de conservação mundial de várias espécies de plantas, animais, fungos e protistas. A respeitada publicação categoriza espécies como *Extinta*, *Extinta na Forma Selvagem*, *Criticamente em Perigo*, *Em Perigo*, *Vulnerável* e de *Menor Preocupação*. As *Criticamente em Perigo*, *Em*

> ## Curiosidade
>
> Os papagaios são famosos por sua capacidade de repetir sons e palavras. Mas eles também apresentam uma complexa habilidade de comunicação e compreensão. Podem aprender a contar e a distinguir objetos com a mesma facilidade de uma criança de 5 anos. Hoje, muitos cientistas acreditam que papagaios não apenas repetem, mas apresentam altos níveis intelectuais. Um dos mais famosos do mundo é Alex, um papagaio cinza africano que morreu em 2007 com 31 anos. Ele e outros dois papagaios que ainda trabalham com a Dra. Pepperberg provaram seu alto nível de inteligência por meio de diversas tarefas e testes aplicados pela cientista. Uma de suas diversas atividades resumia-se no seguinte: a cientista mostrava a Alex uma bandeja com seis blocos verdes, cinco bolas verdes, três bolas rosa e três blocos rosa e perguntava: "Existem quantos blocos rosa?" Alex respondia corretamente, provando que entendia o conceito de cor e de formato e que sabia contar.
>
> Fonte: The Alex Foundation. Acessado em 20 de outubro de 2007: http://www.alexfoundation.org/index.htm

Perigo e *Vulnerável* são incluídas no número total das ameaçadas de extinção. De acordo com o último relatório publicado em 2006, o Brasil — com 124 tipos de pássaros ameaçados — é líder em número de aves sob risco de extinção[243]. O relatório conclui que os países que menos destinam recursos à preservação ambiental são aqueles que figuram como os primeiros na contagem de espécies endêmicas ameaçadas. Os resultados da lista de 2006 são alarmantes, já que as taxas de extinção são entre cem e mil vezes maiores por causa da atuação do homem do que as taxas naturais de referência.

b. Causas atribuídas à diminuição de aves no mundo

O documento da BirdLife International ressalta que o número de aves em perigo de extinção vem crescendo com muita rapidez desde 1988. Os principais fatores responsáveis por esse aumento estão relacionados às atividades humanas. Em primeiro lugar está a destruição do hábitat das aves causada pelo aumento da população humana, que agora ocupa áreas anteriormente consideradas selvagens. O crescimento mal planejado de cidades e comunidades, o desflorestamento e a agricultura não-sustentável estão reduzindo, com uma velocidade incrível, o número das espécies que restam[244].

A caça ilegal para consumo de carne ou para o tráfico também contribui significativamente para a diminuição das espécies, sobretudo as exóticas, como araras e papagaios. Nas últimas décadas, mais de um quarto das espécies de pássaros do mundo serviram ao comércio internacional. Das espécies ameaçadas de extinção no mundo, 262 são caçadas para consumo de sua carne e 117 para venda no mercado de pássaros exóticos. Os países que mais exploram aves para ambas as finalidades são a China e a Indonésia. Em terceiro lugar, está a Índia, seguida pelas Filipinas e pelo Brasil.

Segundo o relatório, a rápida diminuição do número de aves causará uma catástrofe ecológica, pois elas são fundamentais para a polinização de plantas, o controle de pragas e o equilíbrio da cadeia alimentar. O relatório alerta que um terço das aves ameaçadas só poderão sobreviver mediante medidas drásticas. O principal requisito é a mudança do comportamento humano. O mundo não dá atenção suficiente à biodiversidade. Hoje, o orçamento mundial para proteção ambiental é de 7 bilhões de dólares. Para assegurar a nossa biodiversidade, precisamos investir outros 21,5 bilhões de dólares por ano. Essa quantia parece alta, mas, segundo o relatório, é um investimento menor do que a população americana gasta em refrigerantes por ano.

Curiosidade

Em 1977, o pato-de-cabeça-branca (*Oxyura leucocephala*) da Espanha estava quase extinto. A perda de seu hábitat e a caça levaram a sua população a apenas 22 exemplares no país, residindo em um só lago na cidade de Córdoba. Em 1979, um programa de conservação foi iniciado e sua caça, proibida. Em 1988, a sua população na Espanha já tinha aumentado para 400 indivíduos, e atualmente chega a 2.400.

Fonte: The IUCN Red List of Threatened Species (2007). *The World Conservation Union*. Acessado em 20 de outubro de 2007. http://www.iucn.org

---

c. Projetos para a proteção das aves

Desde 2000, 67% das aves ameaçadas no mundo receberam alguma ajuda em termos de conservação. Dessas, 24% responderam de forma positiva, 26% ainda não apresentaram resultado, e ainda não se têm informações para os 17% restantes. Isso prova que mais atitudes devem ser tomadas e que a ação do homem ainda pode salvar espécies ameaçadas.

6. Reflexão sobre a caça ilegal

As aves são valiosos indicadores ambientais. Os cientistas utilizam variações em suas populações para medir as ameaças à nossa biodiversidade. O mesmo que acontece com as aves ocorre com outras espécies animais. No entanto, apesar de 1/8 da população de aves no mundo estar sob ameaça de extinção, não damos atenção suficiente a essa realidade.

No Brasil, para reprimir a caça ilegal e conservar o meio ambiente, existem leis proibindo a caça, o desmatamento e a criação excessiva de gado. Uma delas prega que toda propriedade rural é obrigada a manter pelo menos 20% de mata nativa. Mas as leis são ignoradas, e com isso entram em extinção nossas florestas e seus animais.

🐾 Um estudo feito por pesquisadores britânicos e publicado na revista *Science* em março de 2004 reforçou a teoria de que a Terra está passando por um momento de extinção em massa causado por atividades humanas. A extinção maciça da espécie animal, das plantas e dos insetos seria a mais alta desde a extinção dos dinossauros, há 65 milhões de anos[245].

Em seu livro, *O futuro da vida*, Edward O. Wilson, da universidade Harvard, estima que se a atual taxa de destruição humana da biosfera continuar, metade de todas as espécies de seres vivos estará extinta em 100 anos[246]. Que direito temos de acabar com as outras espécies? Por que é tão difícil compreender que não somos os donos do mundo mas que precisamos estar integrados nele? Imaginem se outra espécie desembarcasse, hoje, em nosso planeta e acabasse com a raça humana? O mais grave é que não somos ignorantes no assunto. Sabemos o que o futuro prescreve. A mentalidade do século XXI é infelizmente baseada no lucro imediato. A maioria se esbalda com a natureza para ganhar muito em pouco tempo e perder tudo no futuro. Há falta de visão no homem. Pensamos de modo egoísta e queremos ganhar dinheiro a qualquer custo. Por isso a ética, a moral e a responsabilidade social são fundamentais na luta pelos direitos dos animais, do homem e do meio ambiente.

No século que se inicia, é primordial que o homem progrida como ser humano.

Programa de conservação

Um dos principais problemas da caça ilegal, assim como do desflorestamento, são as populações locais que vivem da caça e do desmatamento. Elas precisam de fontes de renda alternativas. Alguns projetos têm sido estabelecidos pelo governo e por ONGs para ajudar essas populações. O estado do Amazonas, por exemplo, em 2007, sancionou uma política estadual de mudanças climáticas através de uma nova lei, apelidada de Bolsa Floresta, com o objetivo de manter as Unidades de Conservação da Floresta Amazônica. A Bolsa Floresta é uma ajuda financeira dada às 8.500 famílias que atualmente vivem dentro dessas Unidades e se registraram para o programa; o objetivo é que as pessoas beneficiadas não derrubem a floresta. Cada família receberá 50 reais por mês de um fundo mantido pela contribuição da iniciativa privada, ONGs e entidades governamentais nacionais e internacionais. O fundo também será usado para avalizar produtos ambientalmente sustentáveis. Por exemplo, a venda do óleo de andiroba hoje dá mais lucro do que derrubar a própria árvore. Quem comprar esses produtos vai receber um certificado dizendo que a contribuição é conversível em toneladas de carbono com desmatamento evitado. Em suma, o plano é fazer da conservação da Amazônia um bom negócio e premiar aqueles que preservam a mata.

Fonte: Jansen, R. Criada Bolsa Floresta. (2007, 6 de junho) *O Globo: Ciência*.

A conservação, assim como o movimento para os direitos dos animais, não depende só de ações do governo, mas também da sociedade. As comunidades locais e empresas privadas devem incentivar atitudes como: a criação de ONGs; o ativismo de acionistas e o desenvolvimento de tecnologias que não firam o meio ambiente; o aproveitamento limitado e sustentável da terra por produtores agrícolas; e a aquisição de apenas produtos com etiquetas ecológicas. Estas são algumas das ações que podem ser empreendidas pela população e por pequenas, médias ou grandes empresas. Com força de vontade, criatividade e entusiasmo, é possível criar soluções para que os humanos coabitem com animais e seu meio ambiente.

O excelente estudo realizado pela BirdLife International conclui corretamente que o desafio de salvar as aves e a biodiversidade não é científico, mas político, econômico e social.

XIII.

O PERIGO DE COMER CARNE ANIMAL

> "Eu não tenho dúvida de que é parte do destino da raça humana, na sua evolução gradual, parar de comer carne animal, assim como seguramente as tribos selvagens deixaram de comerem-se umas às outras quando entraram em contato com os mais civilizados."
>
> *Henry David Thoreau*

1. A doença da vaca louca

a. Descoberta da doença

A DOENÇA DA VACA LOUCA, CUJO nome científico é encefalopatia espongiforme bovina (EEB), foi descoberta em 1986, quando várias vacas numa fazenda na Grã-Bretanha começaram a tremer e a agir descontroladamente. Durante semanas, veterinários tentaram encontrar a causa da doença e controlar os sintomas sem êxito. Ela só foi descoberta quando o cérebro de uma vaca foi examinado com o auxílio de um microscópio. Observou-se que ele parecia uma esponja, cuja causa consiste em um processo chamado de vacualização do citoplasma neuronal[247].

MANIFESTO PELOS DIREITOS DOS ANIMAIS 147

b. A política a favor da indústria de carne

No final de 1986, inúmeras fazendas inglesas reportaram casos de vacas contaminadas com a doença, o que sugeriu a hipótese de risco de contaminação humana e a possibilidade de uma epidemia. Nos anos seguintes, o número de infecções cresceu e o medo de comer carne infectada aumentou. O Ministério da Agricultura britânico, respondendo a interesses do consumidor e da indústria de carne, ficou encarregado de pesquisar a possibilidade de contaminação humana. Em fevereiro de 1989, publicou um relatório afirmando que a probabilidade de infecção humana era mínima e que os números de casos entre as vacas não iriam exceder 25 mil[248].

O governo britânico e a indústria de carne lançaram uma campanha de 6,5 milhões de dólares alegando que a carne vermelha era segura e que todos poderiam consumi-la. A finalidade era restabelecer a confiança da população. Para ajudar a campanha, o próprio ministro da Agricultura na época, John Gummer, apareceu diante de jornalistas com sua filha de 4 anos comendo hambúrguer[249].

Nessa mesma época, cientistas, como Richard Lacey, microbiologista da Universidade de Leeds, afirmaram que os resultados das pesquisas feitas pelo Ministério da Agricultura eram prematuros e que o governo não deveria incentivar a população a consumir carne. Mas, infelizmente, o interesse econômico prevaleceu e seus argumentos foram ignorados pelo governo britânico.

Lacey e outros cientistas continuaram a pesquisar e descobriram que a doença da vaca louca poderia ser transmitida entre espécies diferentes como ratos, gatos e macacos. Segundo o pesquisador, essa era uma forte indicação de que os seres humanos não seriam imunes ao mal e que o relatório do Ministério da Agricultura se enganara ao afirmar que a doença não seria transmitida de uma espécie a outra. A teoria de Lacey foi confirmada no começo dos anos 1990, quando gatos que comiam ração feita de carne bovina começaram a morrer da doença.

Em 1994, os primeiros casos da doença da vaca louca foram descobertos em jovens na Inglaterra. Em abril de 1996, o Secretário de Saúde britânico confirmou 10 casos de jovens com a doença e admitiu a alta probabilidade de terem sido contaminados por carne vermelha infectada[250].

Desde 1995, 170 casos da doença da vaca louca em seres humanos foram reportados às autoridades sanitárias, 160 deles na Grã-Bretanha. Outros relatos foram detectados na França, Itália, Irlanda, Luxemburgo, Japão, Portugal, Holanda, Tailândia e Canadá. O número chega a 200 mil de vacas infectadas[251].

c. A origem da doença

A origem dessa doença é até hoje desconhecida. Acredita-se que seja causada por proteínas alteradas, as príons. Não se sabe como as proteínas se transformam em príons. Mas tudo indica que a doença seja transmitida pelo consumo de carne.

A vaca, assim como os elefantes, os cavalos e os gorilas, é um animal vegetariano, por isso, se seu alimento se restringisse ao pasto, não estaria sujeita à doença da vaca louca. Infelizmente há mais de 20 anos, principalmente nos Estados Unidos e Canadá, as vacas são alimentadas com "rações de proteínas", feitas com vísceras, sangue e carne de outros animais, como outras vacas e ovelhas. Os restos são misturados em altas temperaturas em fábricas especializadas e, depois de prontos, se assemelham a grãos de cor marrom. Essa prática agropecuária, considerada moderna e eficaz, faz com que a vaca engorde rapidamente e ganhe mais peso que se fosse alimentada no pasto. As rações sempre foram consideradas seguras por serem processadas em altas temperaturas.

Até os anos 1980, a doença da vaca louca era completamente desconhecida, e os cientistas acreditavam que nenhuma bactéria, vírus ou parasita conseguiria sobreviver a esse processo[252]. A descoberta da doença fez com que vissem que estavam errados.

d. Reflexão

A indústria forçou um animal vegetariano a tornar-se carnívoro. Se não fosse por isso, as mortes na Grã-Bretanha e em outros lugares poderiam ter sido evitadas. Depois dessa descoberta, que resultou num escândalo mundial, o governo britânico proibiu a alimentação do gado bovino com restos reciclados de outros animais.

Em 1997, os Estados Unidos também proibiram por lei essa prática. Infelizmente, a lei não se estende a outros animais, como aves, cavalos e porcos. Não há garantia de que a doença da vaca louca ou outros males não seriam oriundos da prática de alimentar animais com restos de outras espécies. Ignorar esse fato seria cometer o mesmo erro cometido pelo governo britânico.

2. Peixes contaminados

a. O perigo do mercúrio

O gado bovino não é o único que pode causar doenças e até a morte de seres humanos. A irresponsabilidade humana também está fazendo vários tipos de peixes, que são ricos em ômega 3 e benéficos à saúde, se tornarem perigosos. A Environmental Protection Agency (Agência de Proteção Ambiental americana) divulgou no começo de 2004 que, todos os anos, 600 mil crianças americanas correm o risco de nascer com deformações e desenvolver problemas neurológicos sérios porque suas mães quando grávidas se alimentavam de peixes contaminados por mercúrio. Em adultos, o excesso de mercúrio causa fadiga, perda de memória e problemas cardíacos.

Em outro relatório, a Food and Drug Administration (Departamento de Controle de Comida e Remédios americano) advertiu que crianças, mulheres grávidas ou lactantes e mulheres que estivessem planejando ficar grávidas deveriam evitar o consumo de vários tipos de peixes, como atum enlatado, peixe-espada, linguado-gigante, marlim, bacalhau e ostras costeiras, por estarem contaminados com alto nível de mercúrio[253].

Em 2007, a revista sueca *Ambio* publicou um estudo aprovado por mais de mil cientistas na Conferência Internacional sobre a Contaminação do Mercúrio, realizada em 2006, nos Estados Unidos, alertando que a ingestão de peixe contaminado com mercúrio é a principal via de exposição ao metal tóxico e uma ameaça para a saúde da população mundial. O relatório concluiu que atualmente o grau de contaminação com mercúrio industrial

Curiosidade

O mercúrio que contamina os rios surge naturalmente ou pela ação do homem. Vulcanismo e processos de degasificação da crosta terrestre são formas naturais. A contaminação humana vem do garimpo, carvão queimado e rejeitos da indústria de equipamentos eletroeletrônicos, pesticidas, fungicidas etc.

Durante o garimpo, o mercúrio é usado pelos garimpeiros para a amalgamação do ouro extraído do leito dos rios por meio de balsas, dragas, bombas de sucção e bateias. Na hora da lavagem do cascalho e da queima do mercúrio para amalgamar e separar o ouro da areia, há a contaminação do ambiente. Aproximadamente 45% do mercúrio que se perde nesse processo vai diretamente para as águas dos rios e 55%, para a atmosfera, na forma de gases. Ao cair na água, o mercúrio entra em reação química, formando o metilmercúrio, altamente tóxico. Os gases com mercúrio permanecem na atmosfera por cerca de uma semana, quando se precipitam sobre o solo, a vegetação e os rios.

Fonte: Torres, S. Área com mercúrio é interditada em MG. (2002, 10 de setembro). *Folha de S. Paulo*. Acessado em 10 de outubro de 2007: http://www1.folha.uol.com.br/fsp/cotidian/ff1009200332.htm

é três vezes maior que antes da Revolução Industrial. Também confirmou a conclusão da Agência de Proteção Ambiental americana de que a ingestão de peixes contaminados com mercúrio, como os de pescado-branco e mariscos, é especialmente prejudicial para grávidas, recém-nascidos e crianças[254].

b. Estudos sobre o excesso do mercúrio no Brasil

Como o Brasil é um país que usa mercúrio na mineração de ouro, o problema da contaminação atinge várias áreas brasileiras. No final de 2002, a geóloga Luciana Ferrer, do Instituto de Geociências da USP, descobriu mercúrio em excesso no sedimento do mangue da região da Baixada Santista, nos municípios de Santos, São Vicente e Cubatão, no litoral paulista.

Em agosto de 2003, pesquisadores da Fundação Estadual do Meio Ambiente de Mato Grosso (UFMT) relataram que os peixes que tinham sido coletados durante um ano no rio Manso para pesquisa apresentavam alta concentração de mercúrio no organismo. Alguns possuíam mais do que o dobro permitido pelo Ministério da Saúde[255].

Em setembro de 2003, o governo de Minas Gerais interditou a área rural da cidade de Descoberto depois de constatar que a terra e possivelmente a água estavam contaminadas com altos níveis de mercúrio. A contaminação teria sido causada por resíduos da extração de ouro feita naquela área no final do século XIX[256].

> ## Curiosidade
>
> A pior contaminação humana por mercúrio oriundo de peixes ocorreu na baía de Minamata, no Japão, em 1932. A indústria química japonesa Chisso Chemical Corporation jogou ao mar uma grande quantidade de mercúrio em forma orgânica. O mercúrio contaminou peixes e crustáceos que, consumidos, causaram a morte de 1.435 pessoas, além de deficiências e deformidades em crianças. No total, 20 mil pessoas foram contaminadas no Japão, e ainda hoje sofrem as consequências do que ficou conhecido como doença de Minamata.
>
> Fonte: Tapajós, Ouro e Mercúrio: Fatos e boatos sobre a contaminação dos seus habitantes. *O Portal do Geólogo*. Acessado em 20 de julho de 2007. http://www.geologo.com.br/tapaouromercurio.asp

A preocupação com a contaminação proveniente do garimpo do ouro levou a Organização das Nações Unidas para o Desenvolvimento Industrial (Unido) a criar em 2003 o Programa Mercúrio Global, com o objetivo de introduzir tecnologias limpas de mineração artesanal e extração de ouro, para reduzir a poluição por mercúrio em águas internacionais. O Brasil foi escolhido como um dos países para participar do programa, e a responsabilidade foi dada ao Cetem (Centro de Tecnologia Mineral)[257].

O Cetem ficou responsável pela investigação em duas áreas de garimpo de ouro na bacia do rio Tapajós no Pará, em São Chico e Creporizinho. Em agosto de 2003, eles finalizaram a primeira etapa da pesquisa e entregaram seu relatório à Unido. De acordo com a pesquisa, 234 peixes de 16 espécies foram coletados em 11 diferentes locais em São Chico e Creporizinho[258].

O mercúrio encontrado naturalmente em águas doces, em média, está na faixa entre 0,1 e 0,3 μg/g. Os pesquisadores descobriram que em São Chico os peixes estavam excessivamente contaminados, com teores de mercúrio de 2,53 μgg (+/. 3,91, n = 73). Em Creporizinho, a quantidade de μg também estava acima do normal, com a média de 0,36 (+/. 0,33, n = 161). Em São Chico, 60% dos peixes apresentavam teor de mercúrio maior do que o máximo recomendado pela Organização Mundial de Saúde (0,5 μg/g); em Creporizinho, a percentagem era de 22%.

Para descobrir os efeitos do mercúrio, os pesquisadores entrevistaram e examinaram voluntários da população local. Os sintomas encontrados e associados à exposição ao mercúrio foram significativa incidência de gosto metálico, parestesia, tremores e palpitações. A parestesia foi observada em 30% dos garimpeiros em São Chico e em 50% em Creporizinho[259].

Outro estudo também realizado no Pará, em 2006, pela universidade federal, concluiu que os peixes consumidos pelos amazônidas poderiam comprometer seriamente a sua saúde e que medidas deveriam ser tomadas para que fossem educados para saberem escolher peixes menos contaminados[260].

c. Alternativas ao ômega 3

Atualmente sabe-se que o ômega 3 é muito benéfico para a saúde. Então, a dúvida permanece: o que é pior, arriscar a ingestão alta de mercúrio e promover a caça insustentável ou ficar sem os benefícios do ômega 3? Na verdade, existem outras maneiras de obter a substância sem comer peixes. Outros alimentos são ricos em ômega 3, como a semente de linhaça (*Linum usitatissimum*), óleos vegetais, soja, tofu e nozes. A semente de linhaça é rica em vários nutrientes e considerada anticarcinogênica, antioxidante e antitumoral. Ela é rica em ômega 3 e ajuda na função visual, no desenvolvimento do cérebro e na função suprarrenal.

d. Contaminação pelo PCB

Nos últimos anos, além do mercúrio, foram descobertos altos teores de PCB (bifenil policlorado) em peixes, principalmente no salmão. O PCB é uma toxina altamente cancerígena que se desenvolve nos salmões criados em cativeiro que são alimentados à base de óleos e farinhas de pescado. Ele faz parte da cadeia dos 12 contaminantes orgânicos persistentes (COP). Os COPs são pesticidas e produtos gerados pelas indústrias. Esses elementos são considerados perigosos, pois se dispersam e se acumulam na cadeia alimentar contaminando outros animais e seres humanos[261].

e. Pesquisa sobre contaminação de salmões

As universidades de Indiana e Nova York nos Estados Unidos reuniram um grupo de canadenses e norte-americanos especialistas em toxicologia, biologia e estatística para pesquisar o problema. Os cientistas levaram dois anos estudando salmões de diferentes lugares, e o resultado da pesquisa foi publicado na conceituada revista americana *Science*, no começo de 2004. Eles compararam mais de 700 filés de salmão criados em cativeiro com outros criados em ambientes selvagens do oceano Atlântico (Escócia, Grã-Bretanha, costa leste dos Estados Unidos, Canadá) e Pacífico (América do Norte e Chile). Descobriram altos níveis de 13 toxinas consideradas cancerígenas em salmões criados em cativeiro no Atlântico. No Pacífico, os salmões também estavam contaminados, mas com teores menores do que no Atlântico. O estudo concluiu que pessoas que comem mais de 200 gramas de salmão criado em cativeiro por mês correm o risco de desenvolver câncer. Salmões selvagens podem ser ingeridos em quantidade oito vezes superior sem que a saúde seja ameaçada[262].

f. Reflexão

Vários estudos feitos em peixes criados em cativeiro encontraram teores de mercúrio, PCBs, pesticidas, dioxinas e furanos acima do recomendado para a saúde humana.

Todas essas toxinas causam problemas respiratórios, baixa defesa imunológica, danos neurológicos e câncer. Mesmo assim, a indústria pesqueira, que gera bilhões de dólares por ano, continua a ignorar os alertas de saúde e publicar seus próprios relatórios defendendo a criação em cativeiro, mais barata e que proporciona um lucro ainda maior para seus acionistas. A indústria põe os seus interesses financeiros acima do bem-estar dos animais, da preservação ambiental e até da saúde humana.

3. Aves contaminadas

a. A gripe aviária

Além da carne vermelha e de alguns peixes e crustáceos, as aves também são responsáveis pela transmissão de doenças aos seus consumidores. A influenza aviária, popularmente conhecida como gripe do frango ou gripe da galinha, não é uma doença nova. A primeira epidemia em aves foi relatada há 100 anos na Itália. A descoberta de que o vírus influenza H5N1 teria quebrado a barreira das espécies e contaminado seres humanos ocorreu em maio de 1997 em Hong Kong quando uma criança morreu infectada. Desde então, ocorreram surtos em vários lugares do mundo. Segundo a Organização Mundial de Saúde, desde 2004 foram encontradas pessoas contaminadas com a doença na Ásia, na África, no Pacífico, na Europa e no Oriente Médio[263]. Entre 2003 e junho de 2007 foram confirmados 313 casos da doença em humanos. Entre eles, 191 pessoas morreram[264].

MANIFESTO PELOS DIREITOS DOS ANIMAIS   157

b. Vias de contaminação da gripe aviária

Atualmente sabe-se que o vírus se origina do vírus influenza tipo A. Existem vários subtipos ou variações desse vírus. Os mais sérios e que atualmente se espalham na Ásia são os subtipos H5 e H7[265]. Na maioria dos casos a contaminação humana ocorre quando a pessoa entra em contato com a ave infectada viva. Mas hoje, para a grande preocupação de cientistas, já foram reportados alguns raros casos nos quais a doença parece ter sido transmitida de uma pessoa à outra.

Ainda não existe uma vacina contra a doença. As pessoas contaminadas podem ser tratadas com algumas drogas antivirais, mas, como é constatado pela Organização Mundial de Saúde, a taxa de mortalidade é bastante elevada, cerca de 60%.

c. Ações para conter a gripe aviária

O que se faz atualmente é sacrificar os animais que possam estar infectados.

No começo de 2006, a Organização para a Alimentação e a Agricultura (FAO) da ONU relatou que mais de 200 milhões de aves teriam sido mortas para evitar a epidemia da doença, entre elas 36 milhões na Tailândia, 36 milhões no Vietnã, 5 milhões na China, 4 milhões no Paquistão e 15 milhões na Indonésia[266].

A FAO adverte que a mais importante linha de defesa contra a epidemia não é a matança indiscriminada, mas a higiene. O crescimento da indústria aviária e a maneira com que as aves são mantidas aglomeradas em fazendas sem

158 RAFAELLA CHUAHY

higiene e superlotadas agravam o problema. Basta uma ave estar contaminada para infectar outras pelo contato das fezes e secreções vindas dos olhos e nariz. A doença também pode ser transmitida por meio de equipamentos contaminados usados para alimentar ou abater os animais[267].

A comunidade aviária deve se esforçar para manter suas fazendas e abatedouros limpos, o que hoje muitas vezes não acontece. Matar milhões de animais sem saber se realmente estão doentes, não só é uma grande maldade, como também uma solução temporária. O Banco Mundial calcula que se medidas para o controle da doença a longo prazo não forem tomadas, e que se uma pandemia humana ocorrer, a economia mundial perderá em média 800 bilhões de dólares por ano[268].

d. O perigo de uma pandemia de gripe aviária

Recentemente, cientistas chineses descobriram porcos infectados com o vírus da gripe do frango (H5N1). A preocupação é que ele possa se misturar ao vírus da gripe humana, gerando um novo tipo e possivelmente uma pandemia. Quanto mais o vírus estiver circulando, mais há a probabilidade de isso acontecer. Os porcos são animais mais próximos dos seres humanos do que as aves, e, no passado, doenças que se originaram nelas passaram para os porcos e depois para o homem. A associação entre o vírus da gripe humana e o da gripe aviária pode criar um novo vírus letal como o H5N1 que se espalha tão facilmente quanto a gripe comum[269].

Alguns meses depois da descoberta dos porcos infectados em 2004, o zoológico de Si Racha, na Tailândia, constatou que pelo menos 30 de seus tigres tinham morrido da gripe do frango. Esses animais teriam sido alimentados com carne de frango crua. Para prevenir a contaminação, o zoológico resolveu sacrificar 80 de seus tigres e fechar suas portas temporariamente.

Em março de 2005, a revista *Nature* lançou um alerta de que a gripe das aves ainda não estava sob controle e que nenhum país poderia ser considerado preparado para enfrentar o problema. Também advertiu que essa epidemia na Ásia deveria servir como exemplo do perigo do vírus mudar rapidamente e afetar o homem. Segundo a Organização, o problema é agravado quando as aves recebem antibióticos usados pelos humanos, favorecendo o surgimento de bactérias e vírus super-resistentes[270]. Também em março de 2005, especialistas ingleses advertiram que uma pandemia da gripe entre humanos seria inevitável e devastadora[271].

Em maio de 2005, a revista *Nature* publicou um artigo com a estimativa de que cerca de 1,2 bilhão de pessoas serão infectadas no futuro, tornando a gripe do frango a próxima pandemia mundial. Mais recentemente, em janeiro de 2007, Margaret Chan, líder da Organização Mundial de Saúde, advertiu que a gripe do frango ainda é uma séria ameaça mundial e que afetará principalmente países mais pobres, como os da África, onde o sistema de saúde é precário[272].

Em 2006, foi encontrada mais uma evidência de que o vírus pode estar se adaptando aos mamíferos e, assim, colocando em risco humanos. Foram detectados gatos infectados na Alemanha e na Áustria. Infelizmente, como resposta ao problema e para revolta das ONGs de defesa dos animais, o governo alemão defendeu o extermínio de todos os gatos de rua do país e pediu que moradores mantivessem gatos domésticos confinados em casa[273]. Ainda não se sabe, porém, se os gatos são capazes de transmitir a doença. Além disso, um simples exame veterinário pode detectar se o gato é portador do vírus H5N1. Muito mais aceitável seria o governo, em casos de suspeita, recolher os animais e levá-los para serem encaminhados.

e. Reflexão

Obviamente o problema não está sendo controlado e se alastra com rapidez. A contaminação fatal do próprio homem muitas vezes é causada pela maneira como os animais são criados para servir de alimento à população. A falta de controle e de meio ambiente adequado, a questão da vacinação, a ganância de lucro, a negação dos direitos dos animais e a industrialização da produção em série de seres vivos agravam o problema de contaminação do homem pelos animais.

Doenças como a da vaca louca, a gripe asiática e a superpneumonia quebraram a barreira da espécie e contaminam o homem. A globalização ajuda a agravar o problema — as doenças podem rapidamente atravessar fronteiras. A questão é tão grave que, em meados de 2004, a FAO e a Organização Mundial de Saúde Animal (OIE) decidiram criar um sistema mundial de informação e alerta sobre doenças como a aftosa e a gripe do frango, que podem vir a se tornar epidemias mundiais. A FAO calcula que, hoje, um terço das exportações mundiais de carnes esteja sob a ameaça de doenças[274].

4. O perigo dos hormônios, pesticidas e outras toxinas dadas aos animais de abate

a. A qualidade da carne

Como já foi mencionado, o objetivo das fazendas-fábricas consiste em produzir um máximo de produtos animais com um mínimo de custo de produção. Para isso os animais são confinados em pequenos espaços, seu crescimento é acelerado e o mínimo de mão de obra é empregado possibilitando o máximo de mecanização. Para aumentar o tamanho e acelerar o processo de crescimento do animal, a indústria da carne utiliza hormônios, anabolizantes e outros métodos, como a modificação genética. Dadas as condições precárias das fazendas-fábricas e o alto risco de doenças e contaminações, pesticidas são usados e antibióticos administrados na ração do animal.[275]

Pesquisas mostram que a qualidade da carne ingerida pelo homem está diretamente relacionada aos ingredientes colocados na ração dos animais. Hoje, a comunidade científica se preocupa com as substâncias que possam atravessar a cadeia alimentar no momento que o ser humano ingere a carne animal. Também há preocupação com a poluição da água potável e do solo contaminado pelos dejetos produzidos pelas fazendas de escala industrial. O nitrato proveniente delas se acumula na água, o que pode gerar sérios problemas de saúde para a população.

Os Estados Unidos são os maiores produtores mundiais de comida para animais de abate. Só em 2004, o país exportou ingredientes para a ração animal no valor de 4 bilhões de dólares. Mais de 90% do gado de corte no país recebe hormônios, e a um terço da população de vacas leiteiras é administrado hormônio de crescimento bovino recombinante (rSBT) para aumentar a produção de leite[276]. Ainda hoje, é considerado legal no país que a ração de animais para abate contenha: pedaços de outros animais incluindo estrume seco, restos de comida de restaurantes e padarias, sangue e pus animais, comida contaminada com extrato de baratas, de pássaros e de ratos desde que tenham sido tratados para destruir organismos patogênicos, antibióticos em dosagens baixas, hormônios, herbicidas, metais pesados, arsênicos e outras toxinas[277].

b. Contaminação em humanos

Já há evidência de infecções bacterianas em humanos transmitidas pela carne contaminada pela salmonela, Escherichia coli e outras bactérias. A carne pode ser infectada durante o abate ou processamento inadequado. O conteúdo intestinal (fezes) entra em contato com a carne dos animais abatidos. O envenenamento no ser humano provoca cólicas abdominais intensas, diarreia e febre, e pode ser fatal em crianças, mulheres grávidas e idosos[278].

A administração de doses baixas de antibióticos em animais para evitar a propagação de doenças promove a resistência bacteriana, fazendo com que as bactérias resistentes às drogas aflorem. Se tais bactérias super-resistentes são transferidas para o homem na cadeia alimentar, elas podem dificultar o tratamento de infecções humanas, ao não responder a vários antibióticos[279].

MANIFESTO PELOS DIREITOS DOS ANIMAIS   **163**

Outras contaminações incluem os príons da proteína, apontados como a mais provável causa da doença da vaca louca; o vírus da gripe aviária; arsênicos que são considerados cancerígenos; resíduos de hormônios encontrados em ovos, carnes e laticínios; o vírus nipah; e poluentes orgânicos persistentes (POPs) que podem causar câncer, distúrbios neurocomportamentais incluindo dificuldades de aprendizagem e mudanças de humor; disrupções do sistema endócrino e imune; deficiências reprodutoras e distúrbios sexuais; período de lactação diminuído; doenças como endometriose, incidência aumentada de diabetes e outros[280].

Além do perigo da ingestão da carne contaminada, a Sociedade Mundial de Proteção Animal (WSPA) alerta que muitas das novas granjas industriais, principalmente na Ásia, estão localizadas perto de centros urbanos. Elas contaminam a água e o solo utilizado pelas populações locais e aumentam os riscos de disseminação de doenças, já que muitas pessoas moram e trabalham perto das fábricas. O transporte de animais para o abate também atravessa fronteiras agravando a disseminação de doenças, e países mais pobres são menos equipados para controlar e monitorar epidemias. Para se ter uma ideia, a população de suínos e bovinos do mundo, aproximadamente 2,5 bilhões de cabeças, produz mais de 80 milhões de toneladas métricas de dejetos por ano. Já a população humana produz cerca de 30 milhões de toneladas métricas[281].

O sistema de produção intensivo e o uso de toxinas são benéficos para a indústria da carne, farmacêutica e química, mas coloca a saúde pública em alto risco. Essa situação deve ser revertida imediatamente em favor de um sistema mais humanitário e sustentável, como a produção orgânica e ao ar livre. É indispensável que se implementem novas regulamentações exigindo altos padrões de segurança alimentar e de bem-estar do animal.

XIV.

A RELAÇÃO ENTRE O CONSUMO DE CARNE E A ÁGUA

> "Tempo virá em que os seres humanos se contentarão com uma alimentação vegetariana e julgarão a matança de um animal inocente como hoje se julga o assassínio de um homem."
>
> *Leonardo da Vinci*

1. A relação entre a água e os hábitos alimentares atuais

EM ABRIL DE 2004, o International Water Institute (Instituto Internacional da Água) de Estocolmo apresentou um relatório na 12ª Reunião da Comissão das Nações Unidas sobre o Desenvolvimento Sustentável, mostrando a relação entre a escassez de água e os hábitos alimentares da população mundial. Segundo o relatório, por causa da urbanização e do aumento de riquezas, os consumidores de países ricos, principalmente na Europa Ocidental e nos Estados Unidos, estão consumindo cada vez mais carne e laticínios. Nos últimos 50 anos, o consumo de carne aumentou cinco vezes, e estima-se que dobre nos próximos 50 anos[282].

A produção de carne e laticínios requer uma grande quantidade de água, muito acima da que se precisa para produtos vegetais. São necessários 550 litros de água para produzir farinha suficiente para fazer um pão, o equivalente a uma fração dos 7 mil litros utilizados para produzir um bife de 100 gramas[283]. Esse relatório conclui que devem ser criadas novas técnicas de produção que gastem menos água e que a dieta alimentar deve ser alterada, caso contrário, os países pobres serão os que mais sofrerão com a falta de água.

> Atualmente, 840 milhões de pessoas no mundo são subnutridas. Se nada for feito, nos próximos 20 anos esse número aumentará para mais de 2 bilhões[284].

Outro relatório, publicado em outubro de 2007 pelo Programa das Nações Unidas para o Meio Ambiente (Pnuma), confirma as conclusões do Instituto Internacional da Água de Estocolmo. Segundo o estudo, o crescimento populacional e a falta de empenho das autoridades agravaram os problemas do meio ambiente. Entre eles os mais gritantes são a degradação de áreas agrícolas, o desmatamento, a redução das fontes de água potável disponíveis e a pesca excessiva. Os pesquisadores concluíram que até 2025 o uso da água terá aumentado 50% em países em desenvolvimento, e que essa pressão pode se tornar intolerável em locais onde há escassez de água[285].

Hoje, 22 bilhões de bois, vacas, porcos, galinhas e perus são criados em fazendas para alimentar 6 bilhões

MANIFESTO PELOS DIREITOS DOS ANIMAIS **167**

de seres humanos[286]. Estima-se que a demanda por cereais e grãos necessários para alimentar o gado e os frangos terá aumentado em 40% entre os anos 1990 e 2020[287]. Não há água suficiente para a produção. Novas técnicas de irrigação podem reduzir o desperdício de água, ajudando os produtores a conseguir quantidade suficiente para as novas plantações de cereais e grãos. Mas isso não resolve o problema de subnutrição ou a devastação do meio ambiente.

No ano 2025, 40% das 2,7 toneladas de cereais produzidos no mundo serão utilizadas para alimentar animais de abate, não seres humanos[288]. Nos Estados Unidos, são necessários em média 3,6 quilos de proteína para alimentar um porco, que produz 450 gramas de carne para o consumo humano, e 9,5 quilos de proteína para produzir 450 gramas de carne de vitela[289].

A falta de água é um problema seriíssimo que afetará não só a população pobre mas a economia mundial. Essa é a conclusão de um dos ambientalistas mais respeitados do mundo, Lester Brown, que, em 2003, publicou o livro *Plan B: Rescuing a Planet Under Stress and a Civilization in Trouble* (Plano B: Resgatando um planeta sob estresse e uma civilização com problemas). Segundo o autor, a economia mundial sofre de bolhas como a do mercado imobiliário no Japão, que explodiu no final dos anos 1980, e a das empresas de internet nos Estados Unidos, que explodiu no final dos anos 1990. Hoje, criamos uma nova bolha, que é inflada pelo esgotamento do capital natural da Terra. Utilizamos os recursos naturais em um ritmo mais rápido do que sua própria renovação. A es-

Curiosidade

A União Internacional para a Conservação da Natureza e dos Recursos *Naturais* (IUCN) calculou em 2006 que aproximadamente 41% de todos os organismos no planeta estão sob ameaça de extinção. Entre eles estão 12% das aves, 23% do mamíferos e 31% dos anfíbios[1]. Segundo um relatório publicado em outubro de 2004 pela World Wildlife Fund, uma espécie animal terrestre ou aquática desaparece do mundo a cada 13 minutos. O crescimento da população mundial aumentou drasticamente a demanda por alimentos, fibras, energia e água, e a exploração humana dos recursos naturais continua utilizando métodos de produção insustentáveis. O relatório ressalta que a população humana consome 20% a mais de recursos naturais do que a Terra consegue repor. Desde 1961, nossa utilização de recursos naturais cresceu 160%[2].

Fonte 1: Numbers of threatened species by major groups of organisms (1996–2006). *International Union for Conservation of Nature and Natural Resources.* Acessado em 13 de maio de 2006. http://www.iucnredlist.org/info/tables/table1

Fonte 2: Mundo perde a cada 13 minutos uma espécie (2004, 22 de outubro). *O Globo.*

cassez da água é vista como centro do problema, pois sem água não há comida. A única maneira de evitar a explosão da bolha seria diminuir o consumo de água, aumentar a produtividade eficiente, diminuir a emissão de poluentes e controlar o crescimento da população humana[290]. Se isso não for feito, a fome e a doença, principalmente na África e na Índia, prevalecerão, causando uma crise mundial.

a. Proposta para a redução do uso de água

O professor de ecologia e agricultura David Pimentel, Ph.D. da Universidade de Cornell, nos Estados Unidos, junto a conceituados pesquisadores, escreveu *Ecological Integrity: Integrating Environment, Conservation and Health*[291] (Integridade ecológica: Integrando o meio ambiente, conservação e saúde). No livro, ele discute vários assuntos, entre eles o consumo atual da água. Segundo o autor, 80 nações já têm problemas com a falta de água, e isto vem se agravando. Nossa água tem origem nos rios, lagos e solo. A renovação da água do solo é extremamente lenta, em média 0,1% a 0,3% ao ano. Pelo fato de esse processo natural ser tão vagaroso, a extração de água deve ser feita de maneira sustentável, para que não ultrapasse a recarga natural. Esse controle não existe, e em muitos lugares a superirrigação causa a inutilidade total dessas áreas. Um exemplo é o aquífero Ogallala, nos Estados Unidos, onde estão irrigando de 130% a 160% a mais do que deveriam. Se isso continuar, em 40 anos o aquífero não será mais produtivo.

Segundo Pimentel, para se obter um nível sustentável de irrigação, é necessário mudar o hábito alimentar do homem, diminuindo a demanda de certos alimentos. Uma dieta com menos carne, mais frutas, verduras e legumes não só é mais saudável como também economiza água.

170 RAFAELLA CHUAHY

🐾 São necessários somente 227 litros de água para produzir meio quilo de batatas, 87 litros para meio quilo de tomate, 185 litros para meio quilo de maçãs, 416 litros para meio quilo de trigo e 643 litros para meio quilo de milho. Enquanto isso, 7 mil litros são necessários para produzir um bife de 100 gramas[292]. A dieta americana, rica em carne, gasta em média 5,4 metros cúbicos de água por dia, pelo menos o dobro de uma dieta vegetariana, que é tão ou mais nutritiva[293].

O professor Pimentel e os co-autores do livro fazem uma recomendação detalhada de como podemos continuar a utilizar a água de uma maneira razoável. Eles sugerem que seja cobrado um imposto às pessoas que escolhem alimentos que gastam altos níveis de água, prejudicando o meio ambiente. O valor seria baseado no custo, associado à produção desses alimentos e ao seu efeito no meio ambiente. Abatedouros gastam grandes quantidades de água e produzem lixo que acaba sendo jogado nos rios. Alimentos vegetarianos seriam isentos de impostos, enquanto frutos do mar teriam valores médios. A carne vermelha e a de aves teriam taxas mais altas. Em geral, pessoas com poder aquisitivo mais elevado comem mais carne. Dessa forma, pagando impostos maiores elas ajudariam a subsidiar a produção de alimentos como arroz, feijão e batata, que as populações pobres consomem. A aplicação desse tipo de tributo deve ser exigida não só em alimentos, mas em todas as indústrias que poluem. Empresas que utilizam processamento e vendem produtos poluentes devem pagar impostos altos. Já as que não danificam o meio ambiente devem pagar menos. Assim o governo pode incentivar o desen-

b. Reflexão

À primeira vista essa proposta pode parecer extremista, mas hoje todos nós somos responsáveis pela futura falta de água no mundo. Essa não é mais uma dúvida, e sim uma certeza. A quantidade de água no mundo é fixa, constituindo 1,4 bilhão de quilômetros cúbicos. Menos de 0,01% desse total é de água doce e pode ser facilmente extraído de rios e lagos. O uso de água triplicou desde 1950 e há muito desperdício. Cerca de um terço do mundo vive em países que sofrem com a escassez de água, e estima-se que esse número chegue a dois terços em 25 anos[294]. Se só a falta de água não é suficiente para justificar a diminuição do consumo de carne, então que seja a poluição ambiental um bom motivo para essa conscientização.

O rebanho bovino é responsável por 80 milhões de toneladas de gás metano emitidas mundialmente por ano. Esse número corresponde a 28% das emissões totais de metano geradas por atividades humanas. Esse gás é um dos principais fatores que causam o efeito estufa, responsável pelo aumento da temperatura do planeta. Por meio da fermentação entérica (o processo digestivo que ocorre no rúmen, produzindo o metano), a atividade pecuária produz esse poluente, que tem origem nos dejetos animais[295].

Temos a responsabilidade social e ambiental de impedir que a crise se estabeleça. Se hoje fotos de crianças morrendo de fome em países em desenvolvimento já são chocantes, imaginem como será quando a escassez de água atingir um nível alarmante.

Diversas leis, programas e organizações para a defesa ambiental já existem, mas elas só ganharão a força, a legitimidade e a importância merecidas, quando a questão ambiental se tornar uma convicção em cada cidadão. A questãoecológicaprecisaganharprioridadenosprogramas de educação e formação. Ela depende de uma transformação cultural e de uma nova mentalidade nacional.

XV.

A RELAÇÃO ENTRE O CONSUMO DE CARNE, A FOME E A POLUIÇÃO AMBIENTAL

"Vivemos numa época perigosa. O homem domina a natureza antes que tenha aprendido a dominar-se a si mesmo."

Albert Schweitzer

1. A exportação da carne brasileira

APESAR DA FEBRE AFTOSA TER afetado as vacas no Brasil, a vacinação nos bovinos, a desvalorização do real, a descoberta da doença da vaca louca no Canadá e nos Estados Unidos e a diminuição da exportação asiática de frango em decorrência da gripe aviária colaboraram para a crescente exportação de carne bovina. Segundo um estudo feito pelo Center for International Forestry Research (Centro de Pesquisas Florestais Internacionais), o crescimento é excessivo e está destruindo a Amazônia. A organização relatou que a exportação da carne no Brasil aumentou de 232 mil toneladas de carcaça em 1997 para 1,2 milhão em 2003.

A Amazônia legal brasileira cobre uma área de 5 milhões de quilômetros quadrados e abrange os estados do Acre, Amapá, Amazonas, Pará, Rondônia, Roraima, Mato Grosso, Maranhão e Tocantins[296]. Em 2002, 2,5 milhões de hectares da floresta amazônica legal brasileira foram destruídos. Hoje a pecuária representa o principal veículo de desmatamento da floresta[297].

A ligação entre o consumo de carne nos países desenvolvidos e a destruição de florestas tropicais ficou conhecida como a "Conexão Hambúrguer". A expressão foi criada pelo ambientalista Norman Myers para descrever o aumento da exportação da carne bovina pelos países da América Central, para abastecer os restaurantes de fast-food nos Estados Unidos na década de 1980 gerando com isso o desflorestamento.

Para cada hectare usado na agricultura da Amazônia, seis são para a criação de gado. O grupo interministerial formado para combater o desmatamento na Amazônia alegou que a pecuária é responsável por cerca de 80% de todo o território desmatado na região. Atualmente, a área cumulativa desmatada na Amazônia brasileira chega a 652.908 quilômetros quadrados, o que equivale a 16,3% de seu total[298].

Entre 1990 e 2000, perdemos uma área florestal que equivale ao dobro do tamanho do Paraguai. Nos últimos três anos a perda total foi de 17 mil quilômetros quadrados, o que equivale à metade da Holanda[299].

Segundo a World Wildlife Fund, se o problema não for contido, em 50 anos a região se transformará em uma grande plantação de soja e em pasto destinado ao gado bovino, ou até em um deserto[300].

2. A cultura de grãos destinados a animais de abate e não ao homem

No mundo, cerca de 465 milhões de toneladas de grãos (a maioria do cultivo) são produzidas para alimentar o gado. Um desperdício, já que 11 a 17 calorias de proteínas de grãos são necessárias para criar 1 caloria de carne bovina, suína ou de frango que será consumida por uma minoria de pessoas[301]. A população pobre, que não tem acesso à carne, continua desnutrida.

A China e os Estados Unidos são os maiores consumidores de carne: com 25% da população mundial, eles consomem 35% da carne bovina, 50% dos frangos e 65% da carne suína do mundo. Se adicionarmos o Brasil e os países da União Europeia, esse número sobe para 60% da carne bovina, 70% da de frango e 80% da suína[302].

O problema se estende à destruição do nosso meio ambiente. O aumento na produção da carne requer o uso de novas áreas para pastagem ou plantio de grãos para uso animal, o que significa mais desmatamento e perda de biodiversidade.

Segundo o IBGE e o Instituto Cepa, um boi produz em média 210 quilos de carne depois de quatro ou cinco anos, utilizando um espaço de três ou quatro hectares de terra. Nesse mesmo espaço-tempo, podem-se produzir oito toneladas de feijão, 19 de arroz, 32 de soja ou 23 de trigo[303].

Nos últimos anos, grande atenção foi dada ao cultivo da soja como causa do desmatamento. A produção desse grão cresceu muito rápido no país, hoje um dos principais exportadores do produto. Segundo o Centro para a Pesquisa Florestal Internacional, a soja tem acelerado o processo de desmatamento, mas, ainda assim, nos últimos anos, contribuiu dez vezes menos para a destruição ambiental do que as áreas de pastagem[304].

Além disso, grande parte da produção de soja é destinada à alimentação de animais de abate, criando, assim, um círculo vicioso. Depois do escândalo da doença da vaca louca, muitos países passaram a substituir a farinha de carne pelo farelo de soja. A rede McDonald's, por exemplo, é uma grande compradora de soja, que utiliza para alimentar os frangos.

O mesmo acontece com o milho. Hoje, no Brasil, 85% do milho produzido é destinado apenas para consumo animal[305].

Em 2007 a Comissão Técnica Nacional de Biossegurança (CTNBio) liberou o plantio e a comercialização do milho transgênico no Brasil, uma grande vitória para a indústria de biotecnologia e uma grande perda para o meio ambiente. Tanto a Agência Nacional de Vigilância Sanitária (Anvisa) como o Ibama acreditam que a liberação foi feita sem os devidos estudos que garantissem que esses produtos não fariam mal à saúde e ao meio ambiente[306].

Várias pesquisas apontam que o recente desaparecimento das abelhas nos Estados Unidos tem entre as causas possíveis a doença produzida pelo pólen dos transgênicos. Calcula-se que só no ano passado nos Estados Unidos, por causa do plantio dos transgênicos Bt (da toxina *Bacillus thuringiensis*), 50% a 90% das abelhas que se alimentam do pólen de sua florada tenham desaparecido, acarretando na perda de mais de dois terços da produção nacional americana de mel.

Há uma grande preocupação com os transgênicos Bt, já que várias culturas alimentícias, como a laranja, dependem da polinização por insetos[307]. Além de danificar o meio ambiente, pesquisas também apontam que transgênicos podem causar alergias alimentares e resistência a antibióticos.

3. A pecuária e a poluição ambiental

Também já há evidência de que a pecuária contribui seriamente para o efeito estufa. Um relatório publicado em 2006 pela Organização de Alimentação e Agricultura das Nações Unidas (FAO) atribui pelo menos um quinto do aquecimento global aos 1,5 bilhão de cabeças de gado e búfalos e 1,7 bilhão de ovinos e caprinos, além de suínos e aves criados para o abate. Segundo o estudo, o setor de abate é responsável por mais emissões de gases que todos os meios de transporte do mundo combinados. Os pesquisadores do projeto afirmam que a produção de uma caloria de proteína animal queima dez vezes mais combustíveis fósseis e emite dez vezes mais gás carbônico que a produção de uma caloria de proteína vegetal. Hoje, o Brasil ocupa o quarto lugar entre os países mais responsáveis pelo efeito estufa, principalmente por causa do desmatamento da Amazônia e das queimadas, que representam 75% das emissões de gases do país.[308]

> **Curiosidade**
>
> Uma pesquisa realizada por cientistas britânicos e publicada em outubro de 2007 na revista científica *Proceedings of The Royal Society* concluiu que o aquecimento global pode em breve causar uma extinção em massa. Segundo os pesquisadores, as temperaturas atuais estão dentro da mesma faixa das registradas em outras fases quentes da história do planeta, em que até 95% das plantas e animais desapareceram.

Um estudo, publicado em 2007 pelo Instituto Nacional de Livestock e Grassland Science no Japão, calculou os custos ambientais do aumento de criação em confinamento, do sacrifício de animais e da distribuição de carnes. Os pesquisadores concluíram que produzir um quilo de carne emite mais gases de efeito estufa do que dirigir um carro por três horas. O processo de alimentação dos bovinos também consome muita energia. Para produzir e transportar alimentos para os bovinos, é necessária energia equivalente a manter uma lâmpada acesa por 20 dias[309].

🐾 Outra pesquisa feita pela Universidade de Chicago concluiu que a dieta americana média, incluindo todas as etapas do processamento dos alimentos, produz anualmente 1,5 tonelada de equivalentes de gás carbônico a mais do que uma dieta vegetariana.

4. Proposta e reflexão

Deve-se eliminar a criação de gado para o abate e utilizar a soja e o milho não-transgênico (em quantidade reduzida, já que não alimentarão o gado) para alimentar milhões de pessoas que estão morrendo de fome e não têm acesso à carne.

Não existe solução mágica, e há muitas barreiras a serem vencidas, como a força da indústria da carne, mas é possível manter um nível sustentável de plantação de soja e outros grãos e vegetais para o consumo humano. Assim como a atividade pecuária, a agrícola também causa desmatamento. Mas se ela for utilizada de forma *sustentável* e *dedicada ao consumo humano*, o efeito sobre o meio ambiente pode ser consideravelmente reduzido.

É ofensivo que parte da população coma carne enquanto a outra morre de fome. É claro, se moralmente devemos proteger os animais, também temos obrigações com os de nossa própria espécie. No mínimo, devemos garantir condições de vida pelo menos tão boas para o outro como a que exigimos para nós mesmos. Como disse antes, o movimento pelos direitos dos animais deve ser visto como parte do movimento dos direitos humanos, pois são inseparáveis. Todos os seres sencientes têm direito à vida, à liberdade e ao bem-estar. A fome claramente viola esses direitos e deve ser erradicada. Ao ajudarmos a humanidade também estaremos ajudando a causa animal.

O biólogo e coordenador do departamento de meio ambiente da sociedade vegetariana brasileira, Sérgio Greif, acredita que o vegetarianismo, combinado com uma política forte para a melhor produção e distribuição de comida, pode salvar o mundo da fome. Segundo Greif, se 0,3 % dos 465 milhões de toneladas de grãos utilizados para alimentar o gado fossem destinados para alimentar seres humanos, seria possível salvar da desnutrição 6 milhões de crianças menores de 5 anos que morrem deste mal todo ano no mundo. Para acabar com a fome no Brasil, seriam necessários apenas 2,5% deste total, e para erradicar a fome mundial, somente 50%[310].

O filósofo e professor William Stephens, PhD da Universidade de Creighton, em Nebraska, nos Estados Unidos, afirma que, se os americanos diminuíssem em 10% o seu consumo de carne por um ano, pelo menos 12 milhões de toneladas de grãos ficariam disponíveis para o consumo humano. Esse número seria suficiente para alimentar 60 milhões de pessoas que estão atualmente morrendo de fome[311]. Isso não significa que toda a terra utilizada para a pecuária deva ser aproveitada para a plantação de legumes, verduras e grãos. Nesse caso, a terra deve ser conservada, já que não podemos esquecer da sua contribuição ecológica. Pensando na conservação e saúde ambientais, deve-se utilizar o mínimo de terra necessário para o alimento das populações. Uma dieta vegetariana contribuiria para esse equilíbrio ecológico[312].

XVI.

AS TRANSNACIONAIS E O CONFLITO NORTE-SUL

> "Eu não sou um ambientalista. Sou um guerreiro da Terra."
>
> *Darryl Cherney*

1. O modelo agroexportador

NO SÉCULO XXI A PRINCIPAL preocupação humana é a financeira. O neoliberalismo propagado pelas elites dos países desenvolvidos, principalmente os Estados Unidos e a Grã-Bretanha, cria regras para que as grandes empresas transnacionais possam fazer negócios e gerar lucro sem nenhum tipo de obstáculo, passando por cima de soberanias nacionais, dos direitos do homem e do meio ambiente. Ele se baseia nas ideias do livre comércio, privatização e mercantilização da terra, da água, da pesca, de sementes, do conhecimento e da vida[313]. Esse modelo beneficia principalmente as transnacionais e tem sido muito questionado por movimentos sociais em países da América Latina, África e Ásia.

Hoje, a noção de primeiro, segundo e terceiro mundo foi substituída pela relação entre o Norte (países de grande força econômica e tecnológica) e o Sul (países com enorme biodiversidade e conhecimento local). Nesse conflito Norte-Sul, o Sul acaba perdendo. O Norte é onde localizam-se as matrizes das maiores multinacionais do mundo globalizado e o que se mais beneficia com o modelo agroexportador. O sistema agroexportador — como o do Brasil —, com base nos monocultivos (eucalipto, soja, milho) e na produção e exportação de carne, é devastador ao país que exporta, promovendo apenas desigualdade e exploração ambiental. O objetivo desse sistema é obter o máximo de benefício econômico no mínimo de tempo e a subsequente intensificação da produção para a exportação, exigindo a concentração crescente das terras, dos recursos, das correntes de produção e da distribuição de alimentos e produtos agrícolas em mãos de um número cada vez mais reduzido de corporações[314]. Como consequência, a agricultura familiar e camponesa é expulsa do mercado.

A ideia de que o país vai crescer e se desenvolver exportando produtos e competindo livremente num mercado sem nenhum tipo de barreira é totalmente falsa. Há inúmeros exemplos de que as produções agrícolas de porte pequeno não podem competir com os preços oferecidos no mercado internacional por grandes transnacionais. Os Estados Unidos, por exemplo, vendem o trigo a 35% do custo de produção, com o obje-

MANIFESTO PELOS DIREITOS DOS ANIMAIS **183**

tivo de que o preço desse produto exportado pelos países do Sul caia cada vez mais. Muitos governos dessa região, que defendem os projetos nacionais de desenvolvimento baseados em exportações, acabam por fim sem os recursos de que precisam. O mercado internacional de comida não é livre, mas dominado por grandes empresas capitalistas[315]. Elas controlam toda a cadeia produtiva, desde o fornecimento das sementes até a comercialização dos produtos agrícolas no mercado internacional.

O médico, escritor, ativista ambiental e autor do livro *Água, a luta do século*, Rui Nogueira, define a plantação de eucalipto como um desperdício de área agrícola que poderia ser usada para o plantio de alimentos, mas que só serve para gerar lucro a transnacionais. O Brasil atualmente tem a maior área de plantação de eucalipto do mundo. Está destinada à produção de pasta de celulose, exportada quase toda com isenção de impostos (Lei Kandir). Ela gera poucos empregos (1 para 180 hectares), consome muita água (360 litros/dia por planta), quase sempre substitui matas nativas, e produz fruto rígido não comestível criando uma floresta muda, sem outros vegetais, mamíferos ou pássaros. Um dos poucos seres que conseguem sobreviver nas áreas de plantação de eucalipto são as abelhas[316]. Nogueira conclui que a biodiversidade tem sido substituída por nossa cultura direcionada puramente ao interesse financeiro, e propõe a substituição da monocultura por plantações que se preocupem com o homem e o meio ambiente.

2. Reflexão

O Brasil não pode colocar em perigo sua biodiversidade e a saúde de seu povo para beneficiar as grandes empresas transnacionais. A produção e a distribuição de alimentos não podem ser uma via de exploração dos agricultores, dos consumidores ou de um país pelo outro. Devem prevalecer as relações de igualdade e de intercâmbio justo. O governo deve interferir e regulamentar o mercado para beneficiar nossa nação. A regulamentação pelo governo, associada a seu trabalho ativo com o setor privado, não significa controle excessivo e atraso econômico, mas sim desenvolvimento sustentável. No Brasil, igualdade deve ser o princípio e o motor do crescimento econômico e do desenvolvimento humano, respeitando as necessidades e a dignidade do homem, agindo de forma sustentável, com equilíbrio entre produção e distribuição, e com decisões soberanas e democráticas. Afinal, comida não é uma mercadoria mas uma necessidade!

Qual a relação entre a luta pelos direitos dos animais, o neoliberalismo e a distribuição de alimento? É muito simples. O livre comércio incentiva em excesso o modelo agroexportador, como a plantação de eucalipto ou a alta produção de carne voltada ao comércio internacional, beneficiando as transnacionais em vez da maioria da população brasileira e criando a nossa subordinação econômica e destruição ambiental. As decisões sobre o que comer, cultivar e distribuir estão diretamente ligadas às escolhas políticas de nosso país. A relação com o meio ambiente deve ser considerada por sua contribuição para o bem-estar e a igualdade entre homens e animais, e não algo a ser patenteado, vendido ou comprado. Como já frisei, é possível criar uma economia baseada na alimentação orgânica, visando ao fim da fome e da exploração animal.

XVII.

A ALTERNATIVA VEGETARIANA

> "Nada beneficiará tanto a saúde humana e
> aumentará as chances de sobrevivência da vida na
> Terra quanto a evolução para uma dieta
> vegetariana. A ordem de vida vegetariana, por
> seus efeitos físicos, influenciará o temperamento
> dos homens de uma tal maneira que melhorará
> em muito o destino da humanidade."
>
> *Albert Einstein*

ATUALMENTE, OS GUIAS DE NUTRIÇÃO recomendam que os indivíduos eliminem de sua dieta as gorduras, principalmente as saturadas, e se alimentem com maiores quantidades de grãos, vegetais, frutas e fibras. Esse objetivo é facilmente alcançado com uma dieta vegetariana.

a. Diversas pesquisas apoiam a diminuição do consumo de carne e o aumento do consumo de vegetais

Em junho de 2003, a American Dietetic Association (Associação Dietética Americana) publicou um novo relatório afirmando que uma dieta vegetariana bem planejada é saudável, suficiente, em termos de nutrição, e oferece benefícios na prevenção e no tratamento de certas doenças[317]. Ela pode ser utilizada em qualquer fase da vida, inclusive durante a gravidez, a lactação, a infância e a adolescência. O documento foi baseado em 256 fontes, editado por três autores e conferido por 27 cientistas. Eles definem como vegetariano o indivíduo que não come carne vermelha, ave ou peixe. O objetivo da pesquisa foi determinar se a dieta vegetariana possui nutrientes importantes para a nossa alimentação, como a proteína, o ferro, o zinco, o cálcio, a vitamina D, a riboflavina, a vitamina B12, a vitamina A, os ácidos graxos, ômega 3 e o iodo. Os pesquisadores concluíram que uma dieta vegetariana balanceada pode oferecer todos esses nutrientes em quantidades suficientes. Ela é vantajosa porque contém baixo teor de gordura saturada, colesterol e proteína animal. Ao mesmo tempo, contém alto teor de carboidratos, fibras, magnésio, potássio, folato e antioxidantes como as vitaminas E e C e os fitoquímicos, que são ótimos para a saúde. Em geral, o relatório mostrou que, comparados às pessoas que comem carne, os vegetarianos são mais magros, têm menos chance de morrer por doenças cardíacas isquêmicas, apresentam níveis sanguíneos de colesterol e pressão mais baixos, têm menor taxa de hipertensão, e são menos predispostos a diabetes tipo 2, câncer de próstata e câncer de colo. Segundo o relatório, o interesse científico pela dieta vegetariana também cresceu com muita rapidez nos últimos anos. Agora não se questiona mais como antigamente se a dieta vegetariana é saudável. Hoje, afirma-se que ela pode ajudar na prevenção e na cura de doenças.

Ainda em 2003, a Organização Mundial de Saúde, em conjunto com as Nações Unidas, realizou uma pesquisa intitulada Dieta, Nutrição e Prevenção de Doenças Crônicas, para descobrir a relação entre dieta, nutrição, atividade física e doenças crônicas. Em 2001, as doenças crônicas contribuíram para 59% dos 56,5 milhões de óbitos no mundo, e os cientistas estavam preocupados com o contínuo aumento desse número. Foram investigados vários tipos de câncer, doenças vasculares, diabetes, obesidade, osteoporose e problemas dentários. O estudo recomenda que as pessoas comam menos alimentos que contenham grandes quantidades de açúcar, sal, calorias e gordura saturada. As dietas devem ser baseadas em frutas, legumes e vegetais. Esse tipo de dieta acompanhada de exercícios físicos pode funcionar como um grande impacto no combate às doenças crônicas que, segundo o relatório, não são exclusivas dos países ricos, elas também estão afetando países em desenvolvimento[318].

> **Curiosidade**
>
> Em um ano, uma pessoa que não come carne pode salvar cerca de 60 animais.
>
> Fonte: Consumo de Carne. *Associação Protetora de Animais de São Francisco de Assis. Material Educativo.* Acessado em 14 de março de 2007.
>
> http://www.apasfa.org/futuro/right.shtml

Em outro estudo realizado em 2004, a Autoridade Europeia para a Segurança Alimentar (Aesa) concluiu que ácidos de gordura trans (AGT) de origem animal, encontrados nas margarinas e em algumas carnes, aumentam o risco de doenças coronárias, já que elevam a concentração do mau colesterol no sangue[319].

Ainda em 2004, a revista americana *Diabetes Care* publicou uma pesquisa feita pelo médico Simin Liu e seus colegas do Brigham and Women's Hospital, na cidade de Boston, nos Estados Unidos. Durante cerca de 8,8 anos, os pesquisadores observaram a alimentação de 37.309 mulheres em torno dos 45 anos que nunca apresentaram problemas de câncer, coração, diabetes ou derrame. O objetivo do estudo era descobrir se havia alguma ligação entre a carne vermelha e o diabetes tipo 2. O estudo concluiu que aquelas que comiam maior quantidade de carne vermelha tinham 28% mais chances de desenvolver diabetes comparadas às que ingeriam quantidade menor de carne vermelha. A salsicha e o bacon representam as carnes de pior qualidade. Das mulheres que participaram do estudo, 1.558 foram diagnosticadas com diabetes tipo 2[320].

Outras organizações internacionalmente conceituadas também apoiam a dieta vegetariana. O American Institute for Cancer Research (Instituto Americano de Pesquisa do Câncer) e o World Cancer Research Fund (Fundo Mundial de Pesquisa do Câncer) recomendam que as pessoas comam mais vegetais, legumes e frutas e que consumam o mínimo de carne vermelha. A American Cancer Society (Sociedade Americana do Câncer) sugere que as pessoas ingiram alimentos de caráter vegetal. A American Heart Association (Associação Americana do Coração) alerta para uma dieta balanceada, com ênfase em vegetais, grãos e frutas. A Heart and Stroke Foundation of Canada (Fundação Canadense do Coração e Derrame) aponta o uso de grãos, vegetais e frutas como prato principal no lugar da carne.

b. Esforços para reduzir o consumo de carne

Em 2003, Robert Lawrence, professor de medicina preventiva do Departamento de Saúde Pública da Johns Hopkins University, nos Estados Unidos, lançou uma campanha para incentivar os americanos a consumirem menos carne. Além dessa conceituada instituição, outras 28 universidades estão apoiando a iniciativa. Respeitado na área da saúde, Lawrence criou em 1996 o Center for a Livable Future (Centro para o Futuro da Vida). Foi um dos fundadores do Physicians for Human Rights (Médicos para os Direitos Humanos) e ganhou em 2002 o prêmio humanitário Albert Schweitzer, por seu trabalho com os direitos humanos. Sua campanha, intitulada Segunda-feira sem Carne (Meatless Monday), tem como objetivo reduzir em 15% até 2010 o consumo de gordura saturada. Para isso, ele recomenda que as pessoas não consumam carne vermelha, carne de porco e de galinha nas segundas-feiras, substituindo-as por mais frutas, vegetais e grãos integrais, que podem prevenir doenças do coração, câncer e derrame[321].

Atualmente, os Estados Unidos, com uma população de 286 milhões de pessoas, consomem, por ano, 9 bilhões de animais, incluindo 35 milhões de cabeças de gado, 100 milhões de porcos e 8 bilhões de galinhas e perus. O americano consome duas vezes mais carne do que o recomendado pelo Departamento de Agricultura americano. As americanas consomem carne 1,6 vez mais do que deveriam. O sistema agrícola americano produz 3.900 calorias por dia por pessoa. Em média, a necessidade diária de calorias é de apenas 2.400 calorias; o

Curiosidade

A bióloga Françoise Wemelsfelder, Ph.D. da Universidade Agrícola da Escócia, especialista em comportamento e bem-estar animal, tem anos de experiência em estudos com porcos. Ela relata que os porcos são animais curiosos e alertas. Em uma situação normal, se a pesquisadora entra num lugar cheio de porquinhos novos, depois de um momento de hesitação eles vêm curiosamente cheirar e conhecer a visitante. Eles são espertos e atentos. A qualquer movimento inesperado da pesquisadora, os animaizinhos saem correndo. Eles gostam de interagir e de explorar, mas mantêm seu sistema de defesa em alerta. Ao tentar segurá-los, reagem escandalosamente, lutando para se desvencilhar da pessoa. Esse é o comportamento normal de porquinhos saudáveis criados em um ambiente livre e com outros de sua espécie. Ao visitar uma porca jovem que estava há meses em um cercado pequeno numa fazenda, isolada e sem nenhum estímulo, a bióloga observou um comportamento completamente diferente e chocante. A porquinha encontrava-se no chão, com o dorso encurvado, a cabeça e as orelhas caídas e a língua às vezes pendendo da boca, em expressão de completo desânimo. Quando Françoise entrou no pequeno cercado, ela a ignorou, e ao ser tocada pela visitante apenas moveu os olhos, sem se mexer. A bióloga permaneceu um bom tempo sentada ao lado dela acariciando-a, sem resposta. Da porquinha não partiam sinais de medo, felicidade ou qualquer outra reação. Apenas apatia. Françoise afirma que essa experiência mostra que o sofrimento dos porcos e talvez de outros animais pode ser sutil, mas evidentemente não nos passará despercebido se pararmos e prestarmos atenção. Eles não têm a capacidade linguística e comunicativa do ser humano. Não choram, berram ou reclamam da maneira que nos é familiar, mas não é difícil detectar seus sentimentos se os observarmos com mais cuidado.

Fonte: Botzler, R. & Armstrong, S. (2003). *The Animal Ethics Reader*. Estados Unidos: Routledge, p. 199-201.

resto só contribui para a obesidade, o desperdício e doenças. Esse não é um problema só dos Estados Unidos, mas reflete a tendência dos países ricos de consumirem mais carne. Os Estados Unidos hoje sofrem uma crise na área de saúde, com altíssimas taxas de obesidade e diabetes[322]. Calcula-se que o país gaste 33 bilhões de dólares com o tratamento de doenças cardíacas, câncer, derrame e diabetes, cujas causas estão diretamente ligadas à dieta americana.

Na Inglaterra, um estudo realizado em 2002 revelou que, em um ano, hipertensão, doenças cardíacas, diabetes tipo 2, osteoartrite, cânceres e derrame, todos eles relacionados com o consumo aumentado de gordura e proteínas, custaram ao sistema de saúde inglês aproximadamente 467 milhões de libras (1,7 bilhão de reais)[323]. Essa situação deve servir como exemplo para populações dos países em desenvolvimento, como o Brasil.

c. Reflexão

É evidente que atualmente consumir carne é, na verdade, um luxo e não uma necessidade. Um luxo cruel e terrível para o meio ambiente, e que não traz nenhum benefício para a saúde do ser humano.

Os que apoiam dietas baseadas em carne argumentam que os animais comem uns aos outros, e, por esse motivo, comer carne é parte do ciclo natural da vida.

Em primeiro lugar, a maioria dos animais come uns aos outros por sobrevivência, o que não é o nosso caso. Em segundo, a maneira como criamos e tratamos os animais em geral é cruel, e nem sempre com o objetivo de consumi-los. Na vida selvagem e na relação entre animais não se encontra a crueldade que existe na relação entre humanos. Selvagens e brutos somos nós, não os animais.

Em terceiro lugar, os humanos se consideram mais inteligentes e moralmente superiores aos animais. Chamar alguém de animal é ofensivo, pois os animais são tidos como "estúpidos" e "insensíveis". Agimos mal ao maltratá-los e consumi-los. Isso, sim, é um ato pior do que aqueles realizados por animais erroneamente considerados nossos inferiores. Finalmente, podemos decidir a dieta a seguir com base em nosso senso de moralidade e em nossa compreensão dos alimentos mais nutritivos para nós, melhores para o meio ambiente e para a própria humanidade.

Em conclusão, justifica-se o vegetarianismo por meio dos seguintes argumentos: 1. respeito pelos animais; 2. preservação do meio ambiente; 3. boa saúde; 4. eficiência na produção e distribuição de alimentos visando ao fim da fome mundial. No século XXI, já deveríamos estar suficientemente conscientizados para evitar produtos de origem animal.

XVIII.

AS LEIS DE DEFESA DOS ANIMAIS

> "Eu sou a favor dos direitos animais bem como dos direitos humanos. Essa é a proposta de um ser humano integral."
>
> *Abraham Lincoln*

1. A declaração universal dos direitos dos animais

APESAR DAS FAZENDAS-FÁBRICAS, DO MODELO agroexportador e do extermínio dos animais terem aumentado gravemente nos últimos anos, o movimento pelos direitos dos animais tem se expandido e já obteve grandes vitórias desde os anos 1970. Campanhas, principalmente na América do Norte e na Europa, têm conscientizado a população. Muitos hoje selecionam produtos que fazem menos mal aos animais ou ao meio ambiente. Ao escolher produtos "verdes", os consumidores acabam forçando que se adotem novas normas industriais no tratamento dos animais. McDonald's e Burger King, por exemplo, já oferecem opções vegetarianas e estima-se que 6% de americanos são vegetarianos (apesar

MANIFESTO PELOS DIREITOS DOS ANIMAIS **195**

de, em nível mundial, os americanos estarem entre um dos maiores consumidores de carne do planeta)[324].

Muitos acordos e leis também já foram estabelecidos. Em 1978, vários países, incluindo o Brasil, assinaram a Declaração Universal dos Direitos dos Animais da Unesco. Ela reconhece que os animais também têm direitos, e este deve ser cumprido.

Preâmbulo da Declaração Universal dos Direitos dos Animais:

Artigo 1º
Todos os animais nascem iguais diante da vida e têm o mesmo direito à existência.

Artigo 2º
a) Cada animal tem o direito a respeito.
b) O homem, como espécie animal, não pode atribuir-se o direito de exterminar os outros animais ou explorá-los, violando esse direito. Ele tem o dever de colocar sua consciência a serviço dos outros animais.
c) Cada animal tem o direito à consideração, à cura e à proteção do homem.

Artigo 3º
a) Nenhum animal será submetido a maus-tratos e a atos cruéis.
b) Se a morte de um animal for necessária, ela deve ser instantânea, sem dor nem angústia.

Artigo 4º
a) Cada animal que pertence a uma espécie selvagem tem o direito de viver livre no seu ambiente natural terrestre, aéreo ou aquático, e tem o direito de reproduzir-se.
b) A privação da liberdade, ainda que para fins educativos, é contrária a esse direito.

Artigo 5º

a) Cada animal pertencente a uma espécie que vive habitualmente no ambiente do homem tem o direito de viver e crescer segundo o ritmo e as condições de vida e de liberdade que são próprias à sua espécie.

b) Toda modificação desse ritmo e dessas condições, imposta pelo homem para fins mercantis, é contrária a esse direito.

Artigo 6º

a) Cada animal que o homem escolher para seu companheiro tem o direito a uma extensão de vida conforme sua natural longevidade.

b) O abandono de um animal é um ato cruel e degradante.

Artigo 7º

a) Cada animal que trabalha tem o direito a uma razoável limitação de tempo e intensidade de trabalho, a uma alimentação adequada e ao repouso.

Artigo 8º

a) A experimentação animal, que implica um sofrimento físico, é incompatível com os direitos do animal, quer seja uma experiência médica, científica, comercial ou qualquer outra.

b) Técnicas substitutivas devem ser utilizadas e desenvolvidas.

Artigo 9º

No caso de ser criado para servir de alimentação, o animal deve ser nutrido, alojado, transportado e morto sem que para ele resulte ansiedade ou dor.

Artigo 10

Nenhum animal deve ser usado para divertimento do homem. A exibição dos animais e os espetáculos que utilizam animais são incompatíveis com a dignidade do animal.

Artigo 11

O ato que leva à morte de um animal sem necessidade é um biocídio, ou seja, um delito contra a vida.

MANIFESTO PELOS DIREITOS DOS ANIMAIS

Artigo 12
- a) Cada ato que leva à morte um grande número de animais selvagens é um genocídio, ou seja, um delito contra a espécie.
- b) O aniquilamento e a destruição do meio ambiente natural levam ao genocídio.

Artigo 13
- a) O animal morto deve ser tratado com respeito.
- b) Cenas de violência de que os animais são vítimas devem ser proibidas no cinema e na televisão, a menos que tenham como fim mostrar um atentado aos direitos do animal.

Artigo 14
- a) As associações de proteção e salvaguarda dos animais devem ser representadas em nível de governo.
- b) Os direitos do animal devem ser defendidos por leis, como os direitos do homem.

Fonte: Declaração Universal dos Direitos dos Animais. *InterLegis, Comunidade Virtual do Poder Legislativo.* Acesso em 24 de agosto de 2004.

http://www.interlegis.gov.br/cidadania/20020108135443/ 20020205130509/view.

2. Leis brasileiras

a. Leis em vigor

No Brasil, a primeira norma contra a crueldade ao animal foi assinada em 1924. O Decreto nº 16.590 proibia corridas de touros, brigas de galos e canários em casas de diversões públicas. Em 1934, o Decreto Federal nº 24.645, que estabelecia medidas de proteção aos animais, foi promulgado. Em 1941, o Decreto-Lei nº 3.688, chamado Lei de Contravenções Penais (LCP), foi aprovado. O art. 64 do decreto proibia a crueldade contra os animais[325]. Outras leis, como o Código de Pesca (Decreto-Lei nº 221/67), a Lei de Proteção à Fauna (Lei nº 5.197/67), a Lei sobre o Estabelecimento e Funcionamento de Jardins Zoológicos e de outras Providências (Lei nº 7.173/83), a Lei dos Cetáceos (Lei nº 7.643/87) e a Lei nº 4.591/64 e o art. 544 do Código Civil (Animais em Apartamento) também foram adotadas nos últimos anos.

A Constituição de 1988 também representou um grande passo na proteção ambiental, ao dizer, em seu art. 225, que cabe ao Poder Público proteger a fauna e a flora. Mesmo assim, até 1998 os abusos e maus-tratos de animais eram considerados apenas uma contravenção penal (art. 64 da LCP). Na Lei Federal nº 9.605 de 1998 (art. 32), esses atentados passaram a vigorar como crime ambiental. Trata-se de um importante passo em nossa história na tentativa de preservar o meio ambiente e garantir nossa biodiversidade[326]. Hoje, a Lei Federal nº 9.605 de 1998, conhecida como Lei de Crimes Ambientais, é responsável pela proteção dos animais.

No Capítulo V, Seção I, Dos Crimes contra a Fauna, os artigos são:

Art. 29. Matar, perseguir, caçar, apanhar, utilizar espécimes da fauna silvestre, nativos ou em rota migratória, sem a devida permissão, licença ou autorização da autoridade competente, ou em desacordo com a obtida:

Pena. Detenção de seis meses a um ano e multa.

§ 1º Incorre nas mesmas penas:

MANIFESTO PELOS DIREITOS DOS ANIMAIS **199**

I. quem impede a procriação da fauna, sem licença, autorização ou em desacordo com a obtida;

II. quem modifica, danifica ou destrói ninho, abrigo ou criadouro natural;

III. quem vende, expõe à venda, exporta ou adquire, guarda, tem em cativeiro ou depósito, utiliza ou transporta ovos, larvas ou espécimes da fauna silvestre, nativa ou em rota migratória, bem como produtos e objetos dela oriundos, provenientes de criadouros não-autorizados ou sem a devida permissão, licença ou autorização da autoridade competente.

§ 2º No caso de guarda doméstica de espécie silvestre não considerada ameaçada de extinção, pode o juiz, considerando as circunstâncias, deixar de aplicar a pena.

§ 3º São espécimes da fauna silvestre todos aqueles pertencentes às espécies nativas, migratórias e quaisquer outras, aquáticas ou terrestres, que tenham todo ou parte de seu ciclo de vida ocorrendo dentro dos limites do território brasileiro, ou águas jurisdicionais brasileiras.

§ 4º A pena é aumentada de metade se o crime é praticado:

I. contra espécie rara ou considerada ameaçada de extinção, ainda que somente no local da infração;

II. em período proibido à caça;

III. durante a noite;

IV. com abuso de licença;

V. em unidade de conservação;

VI. com emprego de métodos ou instrumentos capazes de provocar destruição em massa.

§ 5º A pena é aumentada até o triplo, se o crime decorre do exercício de caça profissional.

§ 6º As disposições deste artigo não se aplicam aos atos de pesca.

Art. 30. Exportar para o exterior peles e couros de anfíbios e répteis em bruto, sem a autorização da autoridade ambiental competente:

Pena. Reclusão de um a três anos e multa.

Art. 31. Introduzir espécime animal no país, sem parecer técnico oficial favorável e licença expedida por autoridade competente:

Pena. Detenção de três meses a um ano e multa.

Art. 32. Praticar ato de abuso, maus-tratos, ferir ou mutilar animais silvestres, domésticos ou domesticados, nativos ou exóticos:

Pena. Detenção de três meses a um ano e multa.

§ 1º Incorre nas mesmas penas quem realiza experiência dolorosa ou cruel em animal vivo, ainda que para fins didáticos ou científicos, quando existirem recursos alternativos.

§ 2º A pena é aumentada de um sexto a um terço, se ocorre morte do animal.

No Capítulo V, Seção I,
Dos Crimes contra a Fauna, os artigos são:

Art. 33. Provocar, pela emissão de efluentes ou carreamento de materiais, o perecimento de espécimes da fauna aquática existentes em rios, lagos, açudes, lagoas, baías ou águas jurisdicionais brasileiras:

Pena. Detenção de um a três anos, ou multa, ou ambas cumulativamente.

Parágrafo único. Incorre nas mesmas penas:

I. quem causa degradação em viveiros, açudes ou estações de aquicultura de domínio público;

II. quem explora campos naturais de invertebrados e aquáticos algas, sem licença, permissão ou autorização da autoridade competente;

III. quem fundeia embarcações ou lança detritos de qualquer natureza sobre bancos de moluscos ou corais, devidamente demarcados em carta náutica.

Art. 34. Pescar em período no qual a pesca seja proibida ou em lugares interditados por órgão competente:

Pena. Detenção de um ano a três anos, ou multa, ou ambas as penas cumulativamente.

Parágrafo único. Incorre nas mesmas penas quem:

I. pesca espécies que devam ser preservadas ou espécimes com tamanhos inferiores aos permitidos;

II. pesca quantidades superiores às permitidas, ou mediante a utilização de aparelhos, apetrechos, técnicas e métodos não-permitidos;

III. transporta, comercializa, beneficia ou industrializa espécimes provenientes da coleta, apanha e pesca proibidas.

Art. 35. Pescar mediante a utilização de:

I. explosivos ou substâncias que, em contato com a água, produzam efeito semelhante;

II. substâncias tóxicas, ou outro meio proibido pela autoridade competente:

Pena. Reclusão de um ano a cinco anos.

Art. 36. Para os efeitos desta Lei, considera-se pesca todo ato tendente a retirar, extrair, coletar, apanhar, apreender ou capturar espécimes dos grupos dos peixes, crustáceos, moluscos e vegetais hidróbios, suscetíveis ou não de aproveitamento econômico, ressalvadas as espécies ameaçadas de extinção, constantes nas listas oficiais da fauna e da flora.

Art. 37. Não é crime o abate de animal quando realizado:

I. em estado de necessidade, para saciar a fome do agente ou de sua família;

II. para proteger lavouras, pomares e rebanhos da ação predatória ou destruidora de animais, desde que legal e expressamente autorizado pela autoridade competente;

III. (VETADO)

IV. por ser nocivo o animal, desde que assim caracterizado pelo órgão competente.

Fonte: Presidência da República. Casa Civil. Subchefia para Assuntos Jurídicos. Lei nº 9.605, de 12 de fevereiro de 1998. http://www.planalto.gov.br/ccivil_03/Leis/L9605.htm

b. Propostas de leis para controlar a biopirataria

Além da Lei Federal nº 9.605 de 1998, várias outros projetos de lei estão sendo estudados para controlar a biopirataria e o tráfico de animais, ambos constituem uma séria ameaça ao país.

Projetos de lei contra a biopirataria

1. Proposta de Emenda à Constituição (PEC) nº 618, de 1998, que acresce inciso ao art. 20 da Constituição. (Consagra o patrimônio genético, exceto o humano, como bem da União.)

2. Projeto de Lei Complementar (PLP) nº 12, de 2003, que fixa normas para a cooperação entre a União, os Estados, o Distrito Federal e os Municípios, no que se refere às competências comuns previstas nos incisos VI e VII do art. 23 da Constituição Federal.

3. Projeto de Lei nº 7.211, de 2002, que acrescenta artigos à Lei nº 9.605, de 12 de fevereiro de 1998, que dispõe sobre as sanções penais e administrativas derivadas de condutas e atividades lesivas ao meio ambiente. (Prevê o tipo penal da biopirataria.)

4. Projeto de Lei nº 347, de 2003, que altera a Lei nº 9.605, de 12 de fevereiro de 1998. (Tipifica como crime a venda, a exportação, a aquisição e a guarda de espécimes da fauna silvestre.)

5. Projeto de Lei nº 1.090, de 2003, que altera o artigo 29 da Lei nº 9.605, de 12 de fevereiro de 1998, que dispõe sobre as sanções penais e administrativas derivadas de condutas e atividades lesivas ao meio ambiente. (Agrava a penalidade para os crimes contra a fauna silvestre.)

6. Projeto de Lei nº 3.240, de 2004, que dá nova redação aos artigos 29 e 30 da Lei nº 9.605, de 12 de fevereiro de 1998, aumentando as penas cominadas aos crimes contra a fauna e acrescentando a figura delituosa do tráfico internacional de animais silvestres.

7. Projeto de Lei nº 4.184, de 2004, que altera a Lei nº 9.605, de 12 de fevereiro de 1998, que dispõe sobre as sanções penais e administrativas derivadas de condutas e atividades lesivas ao meio ambiente, para incluir o crime de tráfico de organismo vivo.

8. Projeto de Lei nº 4.225, de 2004, que inclui parágrafo ao art. 29 e ao art. 32 da Lei nº 9.605, de 12 de fevereiro de 1998. (Agrava a pena para o cidadão estrangeiro que comete crime de biopirataria contra a fauna silvestre.)

Fonte: *Diário do Senado Federal* (2006). Acessado em 10 de outubro de 2007. http://www.senado.gov.br/sf/publicacoes/diarios/pdf/sf/2006/07/31072006/ 25555.pdf

c. Convenção da diversidade biológica contra a biopirataria

Além das propostas de lei, já existe há mais de dez anos a Convenção da Diversidade Biológica que foi assinada por mais de 170 países por meio da Organização das Nações Unidas (ONU) em 1992. O compromisso prevê que o uso de recursos genéticos depende do consentimento do país provedor e reconhece a soberania nacional sobre a biodiversidade e a repartição dos benefícios relacionados à exploração e aos conhecimentos tradicionais associados, como a sabedoria indígena e quilombola. As patentes que foram concedidas antes da convenção não podem ser revertidas, como, por exemplo, o perfume Chanel Nº 5 que contém fragrância extraída do paurosa, uma árvore da Amazônia. Mas, em teoria, patentes realizadas depois da convenção podem ser revertidas se houver provas de contrabando.

O Ministério do Meio Ambiente (MMA) afirma que desde a assinatura da convenção foram concedidas pelo menos mil patentes internacionais para 40 espécies brasileiras contrabandeadas para o exterior. Como a Convenção da Diversidade Biológica não é suficiente para reduzir a biopirataria, o Brasil apresentou à Organização Mundial do Comércio (OMC) uma proposta de emenda ao Acordo TRIPs (Trade Related Intellectual Property Rights), que estabelece padrões de patente e propriedade. A emenda obrigaria os escritórios de patentes a exigirem autorização de origem do material a ser patenteado[327].

Assim, por enquanto, no Brasil, os principais meios legislativos de defesa do animal são a Constituição Federal e a Lei dos Crimes Ambientais, além de diversos tratados internacionais que o Brasil subscreveu. Agora, resta aplicá-los, ressaltando com veemência a importância que merecem. Infelizmente, muitas vezes as leis e os tratados são ignorados, considerados de menor importância ou simplesmente desconhecidos pela maioria da população, incluindo os órgãos responsáveis pelo cumprimento da lei, como as delegacias.

3. Outros países

a. Leis para a proteção dos animais em diversos lugares no mundo

Os países da Europa ocidental são os que oferecem maior proteção legal aos animais[328]. Em 1992, a Suíça aprovou uma lei reconhecendo os animais como seres e não objetos, baniu a prática de criação de galinhas em gaiolas e agora requer que todas as vacas passem pelo menos 90 dias por ano livres em pastos abertos e que patos tenham acesso à água para se banharem. A Suécia seguiu o exemplo em 1999, e a Austrália fará o mesmo em 2009, proibindo o uso de gaiolas.

Em maio de 2002, a Alemanha incorporou em sua Constituição Federal legislação que dá às cortes federais o poder de ponderar o direito do uso de animais para pesquisas e atos religiosos contra o direito dos próprios animais.[329].

Em 2004, supermercados holandeses pararam de vender ovos de galinhas criadas em gaiolas. Na Itália, no mesmo ano, uma nova lei foi aprovada constituindo crime manter animais em condições de sofrimento ou forçá-los a se comportar de maneira incompatível com seus próprios instintos, como pintar os pelos de gatos ou deixá-los no carro expostos ao sol (a indústria de carne, de pesquisa, os circos, os zoológicos, as caças legais e as companhias de transporte de animais estão imunes a essa lei)[330].

Em janeiro de 2005 entrou em vigor na Áustria uma lei que determina ser ilegal manter galinhas em gaiolas; usar coleiras apertadas em cachorros; deixar animais sob o cuidado de menores; exibir animais em vitrines de lojas; utilizar animais selvagens, como leões e tigres, em circos; amarrar vacas para ordenha e aplicar choque elétrico para treinar animais ou cortar seus rabos e orelhas[331].

Na Noruega é proibido debicar galinhas, assim como chutar, bater ou marcar animais de criação com ferro em brasa. Na Grã-Bretanha não se pode deixar galinhas sem comer para que elas coloquem ovos mais rápido[332]. A partir de 2012, os países da Comunidade Europeia não poderão mais manter galinhas em gaiolas medindo 4,5 metros quadrados.[333] A Comissão Europeia também está trabalhando numa medida para banir a prática de administrar hormônios em animais. Países do oeste e do sul europeu que são parte da Comunidade Europeia também têm trabalhado com esta para melhorar a situação dos animais[334].

Na América do Norte, tanto o Canadá como os Estados Unidos têm poucas leis e padrões industriais para o bem-estar dos animais, apesar de que nos Estados Unidos as cortes de vários estados têm apoiado leis e decisões em defesa dos animais. Em 2004, na Califórnia e no estado de Washington, os juízes votaram a favor da manutenção da lei que protege animais selvagens e domesticados contra armadilhas cruéis, envenenamento e perseguições. A Suprema Corte de Oklahoma confirmou a constitucionalidade da lei que proíbe rinhas de galo, e a de Nova Jersey proibiu a caça de ursos em todos os estados americanos. A corte de apelação do 9º distrito do país negou pela terceira vez autorização à tribo indígena Makah, no estado de Washington, para caçar baleias. No Arizona, sete organizações de defesa dos animais entraram em acordo com o governo federal para acabar com a matança de leões-da-montanha na área da floresta nacional de Tonto[335].

Entretanto, no cômputo geral, o país ainda se encontra bem atrasado comparado à Europa ocidental. Peter Singer atribui o atraso aos interesses das empresas americanas que têm grande poder sobre a política do país.[336] No Canadá a lei do Bem-Estar do Animal (Canadian Animal Welfare Act) não é atualizada desde o século XIX e as empresas autorregulam o tratamento dos animais.

Os países asiáticos têm poucas leis que defendam os animais, e são considerados atrasados no tratamento deles. O Japão, por exemplo, tem uma lei para o bem-estar do animal, mas na prática ela não é utilizada, e o país apresenta um dos piores padrões do mundo no tratamento de animais. Testes em laboratórios não são regularizados; animais em circos, zoos e pet shops são mantidos em péssimas condições; fazendas-fábricas são comuns; o comércio de marfim cresce a cada dia; e a caça de baleias e outros animais em perigo de extinção é permitida pelo governo[337].

Taiwan e Filipinas aprovaram a primeira lei a favor do bem-estar dos animais em 1998[338]. Na China, as leis de proteção só defendem aqueles em extinção, e mesmo assim não são cumpridas.

Finalmente, em maio de 2004, o governo chinês deu início ao desenvolvimento de propostas de leis que defendam todos os animais, proibindo tortura e maus-tratos. Isso aconteceu após o extermínio em massa em decorrência do surto da síndrome respiratória aguda severa (SARS) e da gripe asiática, que abalou o país em 2003 e 2004. Em pânico, os chineses mataram milhares de gatos, patos, galinhas e outros animais. Foram divulgadas pela televisão e pelos jornais imagens de gatos sendo colocados em tanques com desinfetante para serem afogados e de galinhas queimadas vivas. Isso sem contar que os chineses, com medo de serem infectados, abandonaram dezenas de animais domésticos nas ruas. Os animais mortos por necessidade, como no caso de epidemias, devem ser executados de maneira digna, com a menor dor possível, e longe dos outros. O uso de animais para entretenimento como brigas, jogos de apostas e lucros comerciais deve ser banido. Animais que estejam sendo transportados devem ser mantidos em lugar limpo e seguro. Os que desrespeitarem a lei podem pagar multas de até 10 mil yuans (1.209 dólares)[339].

A constituição da Índia reconhece os animais e requer que todos os cidadãos mostrem compaixão perante todos os seres vivos. Culturalmente e por questões religiosas, alguns animais, como a vaca, são considerados sagrados e grande parte da população indiana não consome carne; é vegetariana. Ainda assim a pobreza e falta do cumprimento das leis levam milhares de animais a serem maltratados. O movimento dos direitos dos animais no país tem crescido rapidamente e conquistado grandes vitórias.

Atualmente, a Índia é um dos países que mais utilizam elefantes como meio de transporte. Historicamente, eles sempre foram explorados e maltratados. São mal alimentados e vivem no meio da sujeira das cidades, do barulho dos carros e da poluição atmosférica. Nunca recebiam nada por seu trabalho exaustivo. Em 2003, o estado de Kerala, no sul da Índia, resolveu mudar essa situação e ajudar os elefantes que trabalham para o governo. Agora eles têm direito à aposentadoria após 65 anos de idade. Depois dessa idade eles param de trabalhar, mas continuam recebendo comida, moradia e assistência médica. A medida foi tomada pelo aumento descomunal da crueldade e, consequentemente, sua revolta contra seus donos. Outras mudanças também foram feitas em outras partes da Índia, como Nova Déli, onde os elefantes estão sendo equipados com refletores no traseiro para evitar acidentes com carros[340].

Os países da América Latina e da África têm menos recursos que países ricos para dedicar à proteção dos animais, já que sofrem com a pobreza e as instabilidades econômica e política. Mesmo assim, países como a Argentina, o Peru, a Colômbia e o Brasil já aprovaram legislações promovendo o bem-estar dos animais e a preservação ambiental[341].

Na África, vários países, como a Tanzânia e o Quênia, implementaram medidas para salvar espécies ameaçadas de extinção. A África do Sul proíbe matar animais de estimação e promover rinhas. Como parte de seu currículo escolar, Moçambique oferece aulas sobre ações humanitárias promovendo o respeito das crianças por todos os seres vivos. A situação é pior em países que estão em guerra, como Zimbábue, Angola e Congo. A comunidade local caça animais para comer ou vender sua pele e garras. Nos últimos anos o governo vem promovendo o ecoturismo com a intenção de criar outra fonte de renda para os moradores locais[342].

b. Reflexão

Todas essas medidas são ínfimas e aquém do merecimento desses pobres seres, mas dão força ao movimento mun-

MANIFESTO PELOS DIREITOS DOS ANIMAIS **209**

dial de proteção ao animal. Muitas leis apenas ficam no papel, mas mesmo assim servem como armas a serem utilizadas ao exigirmos o seu cumprimento.

A maior barreira enfrentada por ativistas na defesa do bem-estar dos animais é a econômica. A falta de recursos em países pobres é vista, muitas vezes, como o maior obstáculo na luta contra os maus-tratos dos animais. No entanto, países ricos como os Estados Unidos, Canadá e Japão são os que mais matam. Mesmo os que têm leis fortes ainda maltratam os animais utilizando tecnologias consideradas "mais humanas". Na verdade, esses países são os piores em virtude do fator financeiro: ou eles têm fazendas-fábricas, indústrias químicas e farmacêuticas de grande escala ou importam de outros países aproveitando a mão de obra barata e, ainda, contam com poucas leis ambientais, trabalhistas e de proteção aos animais.

Atualmente, a globalização permite que países mantenham altos padrões ambientais, trabalhistas e outros dentro de suas fronteiras e que, ao mesmo tempo, dependam de produtos de nações onde as leis não são tão fortes. Essa ambição desenfreada não só prejudica os animais como também agrava a situação dos trabalhadores e do meio ambiente nesses países explorados. As grandes empresas de produção devem ser forçadas a agir correta, moral e eticamente não só em seus países de origem, como nos Estados Unidos, mas em todos os países em que atuam.

4. Interpretação das leis

Segundo o filósofo norte-americano Tom Regan, nos últimos anos houve uma transformação na maneira de pensar em termos do *bem-estar* dos animais para o mais restrito *direito* dos animais. O *direito* dos animais se preocupa com o direito inato de que eles não sofram e nem tenham sua liberdade restringida pela ação humana[343]. O movimento pelo *bem-estar* dos animais promove a redução do sofrimento animal por meio do tratamento mais humano, enquanto o movimento dos Direitos dos Animais tem como objetivo eliminar totalmente sua exploração.

Regan, no livro *Empty Cages* (Jaulas vazias), defende a liberdade total dos animais. Sua filosofia difere da filosofia tradicional dos humanitaristas e defensores do bem-estar dos animais, que pedem jaulas maiores e tratamento mais humano para os bichos. Segundo o autor, não há tratamento mais humano enquanto os animais estiverem enjaulados ou sendo mortos para nosso consumo. O objetivo dos Direitos dos Animais (DA) é o final de seu aprisionamento[344].

Quando se pensa na causa animal, isso deve refletir em leis mais específicas que reconheçam os direitos deles. Steven Wise, advogado americano e professor de direito da Universidade de Harvard, tem trabalhado para que os grandes primatas, como gorilas, orangotangos, bonobos e chimpanzés, sejam considerados "pessoas" perante a lei americana. Argumenta que essas espécies compartilham 99% de nosso DNA e são intelectualmente comparáveis a humanos. Wise espera que dar direitos aos primatas seja o primeiro passo para que outros animais também "conquistem" o que lhes é legítimo.

Hoje, o tratamento dos animais desperta grande interesse. A maioria das universidades norte-americanas já inclui no currículo aulas sobre esse assunto nos campos de direito e filosofia.

É claro que ainda existem muitos debates sobre o que realmente significa direitos dos animais e qual a diferença em relação ao movimento do bem-estar dos animais ou do movimento para a Liberação dos Animais. Alguns acreditam que eles têm direitos inatos, como os homens. Outros, que não podem ter direitos que não sejam capazes de compreender e reivindicar. Grandes acadêmicos consideram, ainda, que seria bem mais benéfico para o bem-estar dos animais se esses forem tratados perante a lei como propriedade. Muitos têm dificuldade em definir os que devem e os que não devem ter direitos, pela falta de clareza em estabelecer se o animal deve ter direitos com base em sua inteligência, consciência ou capacidade de sofrer. Também há divisões de opinião quanto ao significado do direito moral e do direito legal. Qualquer que seja o debate, o fundamental é que a questão seja discutida considerando que os animais devem ser tratados com compaixão e respeito e que, nesse sentido, são necessárias mudanças imediatas no comportamento humano.

Existe uma grande diferença em como o animal é visto em países anglo-saxônicos, que utilizam o Direito de Common Law, e na maioria dos países latinos e europeus, que usam o Direito Civil. Assim, a causa animal apresenta um desafio não só ético e moral, mas também jurídico, que deve ser revisado. O movimento social e cultural para os direitos dos animais deve ser tratado paralelamente à questão jurídica. Em seu sentido mais fundamental, esses direitos significam ter direito à vida, à integridade física e a cumprir os interesses de sua espécie, sem sofrimento e exploração pela mão humana.

XIX.

A RESPONSABILIDADE SOCIAL

"Entre a brutalidade para com o animal e a crueldade para com o homem, há uma só diferença: a vítima."

Alphonse de Lamartine

O MUNDO É DOMINADO PELAS GRANDES corporações transnacionais que estão levando a humanidade a um regime, no mínimo, semiescravo. De acordo com Galbraith em *A economia das fraudes inocentes: verdades para o nosso tempo*, nós nos iludimos ao achar que, como consumidores, temos forças para controlar o mercado. Na verdade as megaempresas de publicidade manipulam e condicionam o comportamento da demanda, e as grandes corporações distorcem a oferta[345]. Só nos libertaremos desse jogo se aprendermos a entendê-lo e começarmos a boicotar as grandes empresas.

O movimento para os direitos dos animais, assim como o movimento ambiental, deve ser sustentado pelo trabalho conjunto do primeiro setor (governamental), do segundo (empresarial) e do terceiro setor (ONGs, institutos, universidades e fundações).

A partir dos anos 1980, durante o processo de democratização no Brasil, vários grupos privados de caráter público e sem fins lucrativos surgiram e começaram a incentivar outros setores a adotarem uma política pelo desenvolvimento social. Nas décadas seguintes, parcerias entre os três setores permitiram a promoção de projetos sociais e debates ligados à responsabilidade social empresarial, saúde e prevenção, ecologia, educação e promoção social. Essas parcerias devem ser fortificadas. O governo precisa manter um bom relacionamento com o setor empresarial para obter recursos financeiros, técnicos, científicos e intelectuais. Por intermédio do terceiro setor, o governo pode se aproximar da comunidade e entender suas necessidades e aspirações. O empresariado, ao escutar as demandas dos outros setores, deve agir de maneira ética e transparente[346]. Essa transparência será benéfica ao setor privado pois atrairá consumidores e investidores que se preocupam com a ética de empresas perante o mercado e o meio ambiente.

É claro que são poucas as empresas que agem corretamente em relação ao meio ambiente e ao bem-estar dos animais por sua própria benevolência. Qualquer movimento social forte depende do engajamento da sociedade por meio das ações dos indivíduos conscientes. De acordo com o filósofo francês Pierre Bordieu somente os movimentos sociais civilizam a economia de mercado[347]. Como indivíduos, temos o direito e a responsabilidade de fazer exigências ao governo e às empresas.

Essas não só são feitas ao participarmos de ONGs e ao votarmos, mas também pelas ações diárias.

Se somente adquirirmos cosméticos de empresas que não usam animais para fazer testes, outras também se interessarão em utilizar métodos de pesquisa alternativos para sobreviver no mercado. O mesmo pode acontecer se não consumirmos peixes de cativeiro, gado que se alimenta de outros animais e alimentos geneticamente modificados. Como alternativa, podemos optar por legumes, verduras, frutas e carne de soja (não transgênica).

Hoje existe uma grande distância entre o consumidor e o que ele consome. A maioria, por exemplo, não conhece o processo de produção de carne. Mas não podemos ser complacentes. É comum escutar "o boi será morto de qualquer maneira então vou comê-lo. Não fui eu que o matei". É o equivalente a dizer: "Não fui eu que envenenei o cachorro do vizinho. Só mandei alguém envenená-lo." Nesse caso julgamos a pessoa culpada. A culpa é a mesma, e quando adquirimos produtos animais, estamos promovendo a indústria da morte.

David DeGrazia exemplifica que, para agir como indivíduos morais, "Devemos fazer todo o esforço possível para não sustentarmos instituições que causam sofrimentos desnecessários"[348]. Podemos generalizar este princípio para incluir produtos que sejam maléficos ao ecossistema. Vamos apoiar financeiramente iniciativas que visam minimizar danos ao meio ambiente.

Em vários países na Europa, o consumidor paga pelo saco plástico que usa no supermercado, para embalar sua mercadoria. Isso o faz pensar duas vezes antes de lançar mão de vários sacos plásticos sem necessidade e acabar descartando-os no lixo. Muitos também preferem levar a própria sacola ao supermercado, que pode ser usada inúmeras vezes.

Temos essa responsabilidade social e moral. Se nada fizermos, o futuro que nos espera estará em breve marcado pela degeneração progressiva de nossa espécie e de todas as outras vidas na Terra. Além de defender nossos próprios interesses, também temos a obrigação de ajudar os animais que estão sofrendo desnecessariamente. Nossa sociedade trata sistematicamente os animais como meros objetos renováveis e descartáveis, despidos de quaisquer aspirações, sentimentos ou interesses. Há muito tempo sabemos que essa não é a realidade. É hora de perceber que não somos o centro do mundo e que dependemos muito mais deles que eles de nós. Afinal, eles já existiam muito antes do advento da existência humana.

Muitos pensam que as ações individuais para a proteção dos animais se perdem na grande massa da sociedade, portanto, nossa atitude individual não surtiria efeito. É cansativo repetir o mesmo inúmeras vezes por dia, sem retorno. É difícil salvar um animal de rua quando outros estão sendo mortos ou ir a um restaurante e pedir algo vegetariano. É sempre difícil estar do lado daqueles que são desprezados e oprimidos. É relativamente fácil, hoje em dia, ser antirracista ou antissexista, mas nem sempre foi assim. Houve um tempo em que o branco defensor de negros também era tratado como negro.

O maior obstáculo enfrentado pelo ativista é o fato de que a imensa maioria dos seres humanos está do lado dos opressores. Num país como o Brasil, rico em dificuldades e problemas sociais, é difícil que a defesa dos direitos dos animais entre na pauta das prioridades, mas trata-se de algo indispensável.

O movimento para a proteção e o direito dos animais é um movimento como qualquer outro. Ele depende do indivíduo, assim como dependeram o movimento democrata, o feminismo, o direito dos negros, dos trabalhadores e muitos outros. Que coragem teve Rosa Parks em 1955, nos Estados Unidos, negra, que, cansada, recusou a ordem do motorista de ônibus para ceder seu assento a um passageiro branco. Que coragem tiveram os membros do consulado de Barcelona ao ouvir seus constituintes e proibir as touradas nessa cidade tão afamada por elas. Que coragem tiveram os membros da Câmara dos Comuns na Inglaterra ao desafiar a Câmara dos Lordes, numa tradição de 700 anos para abolir a caça à raposa com o auxílio de cães.

O futuro está nas mãos daqueles que desafiam as normas do presente. O movimento de proteção aos animais não pode ser teórico; depende de ações concretas, da difusão de informações e da união. Hoje temos a internet como aliada. Ela permite que diversos grupos de defesa dos animais formem alianças, planejem protestos e ações, e propaguem informações mundialmente. O movimento ganha cada vez mais espaço e continuará a ganhá-lo se puder contar sempre com a participação de indivíduos conscientes e unidos nessa luta.

Assim como qualquer outro movimento, o futuro da causa animal depende de uma ação constante. Não há necessidade de radicalismos, extremismos ou violência, e sim de persistência e conscientização. Para muitos, é difícil abandonar todos os produtos animais. Mas, como afirma o filósofo Tom Regan, a causa animal não depende de tudo ou nada, e sim da mudança do comportamento humano[349]. Não fazer tudo não quer dizer não fazer nada.

Talvez no momento seja impossível evitar todos os produtos animais, mas temos a capacidade de aboli-los gradativamente. Se começarmos agora, estaremos modificando nossos hábitos e desenvolvendo uma infraestrutura com pré-requisitos para um futuro melhor, que não dependa do sofrimento alheio.

É hipocrisia dizer que, já que não podemos eliminar todos os produtos animais, não vale a pena eliminar só alguns para deter o sofrimento do animal. Também não podemos eliminar todo o sofrimento humano, como os acidentes de carro e a violência, nem por isso desistimos de tentar. Um objetivo razoável e atual é minimizar o sofrimento sempre que possível.

Também é importante mudar a imagem que a população tem em relação aos ativistas da defesa da causa animal. A indústria de produtos animais, caça e venda de roupas de pele defende não estar causando mal-estar algum ao animais, pois são utilizados métodos de abate com menos sofrimento e que eles recebem "tratamento humano". Esse é simplesmente um ato de publicidade para estigmatizar os defensores da causa como radicais, enquanto os representantes da indústria se promovem como pessoas moderadas. No entanto, todos sabem que o tratamento dos animais em fazendas-fábricas e na indústria da caça e da moda tem piorado drasticamente nos últimos anos.

XX.

CONCLUSÃO

> "Se acolher um cão faminto e torná-lo próspero,
> ele não o morderá. Esta é a principal diferença
> entre um cão e um homem."
>
> *Mark Twain*

OS ANIMAIS SEMPRE FORAM EXPLORADOS pelos humanos. Essa exploração foi justificada pela necessidade física das pessoas, pela religião que considera animais sem alma e criados para o uso humano e pela ciência que até o século XX acreditava que eles eram como máquinas sem percepções ou emoções. Só no final do século XX, o movimento pelos direitos dos animais, criado por filósofos, se tornou um tópico importante nos círculos intelectuais.

Pesquisas no campo da etologia cognitiva cresceram e surgiram fortes evidências de que os animais vertebrados são capazes de sofrer e de que muitos são inteligentes. Baseados nessas descobertas, filósofos e outros representantes do movimento pelos direitos dos animais passaram a exigir que eles tenham status moral. Divergências apareceram entre os subgrupos dentro do próprio movimento, como os que acreditam no Bem-Estar dos animais e aqueles que trabalham para os Direitos dos Animais. Apesar delas, todos concordam que atualmente o tratamento dado a eles é imoral, parecido com os negros durante a escravatura, e que medidas urgentes devem ser tomadas para conter a crueldade humana perante esses seres vivos.

Hoje devemos defender os animais em função de seus direitos inatos e para o benefício humano. A primeira justificativa se baseia no fato de que os animais são sencientes. Ao aceitarmos esse fato, temos a obrigação moral de dar-lhes direitos elementares como à liberdade, à vida e a seu bem-estar. Já que fazendas-fábricas, zoológicos, aquários, circos, rodeios, rinhas e diversões com animais, testes em laboratórios e a caça violam esses direitos, eles devem ser proibidos por lei.

Chegamos à mesma conclusão se analisarmos a situação da perspectiva humana e econômica. Além de beneficiar os animais, a causa animal favorece humanos e, assim, se torna parte também da causa pelos direitos humanos. Tratar todos os seres vivos com respeito é um sinal de evolução.

Hoje, o homem não necessita de animais (alimento, vestuário, diversão) para sobreviver, já que nossa tecnologia nos permite alternativas. Com isso, devemos evoluir moralmente e, sempre que possível, evitar produtos de origem animal. Defendê-los nos ensina a respeitar todo tipo de vida.

Em termos econômicos, os grandes beneficiários das indústria de abate são algumas transnacionais e não a população humana. A criação em fazendas-fábricas faz com que os animais sofram sem justificativa, põe em risco a saúde dos trabalhadores e dos consumidores, polui o meio ambiente, consome excessiva quantidade de água e representa, ainda, um mau planejamento na tentativa de eliminar a fome mundial. A longo prazo, só pioram a condição humana.

O cultivo sustentável e bem distribuído de legumes, verduras e grãos é suficiente para pôr fim à fome no mundo. Além de tudo, uma dieta vegetariana só vai trazer benefícios à saúde.

Hoje o dinheiro ganhou status de valor em nossa sociedade. Ganância, individualismo, consumismo e egoísmo *não* são valores. Valores são solidariedade, compaixão, responsabilidade social, *igualdade* e justiça.

O nosso próprio interesse está em risco. Se continuarmos tratando o nosso meio ambiente como recurso inesgotável, ele se esgotará mais rápido do que se espera. Talvez em 100 anos, o homem olhe para trás e fique horrorizado com a maneira pela qual hoje tratamos os animais, o meio ambiente em geral, e o próprio homem. Causará o mesmo impacto que nos causa hoje imaginar como éramos capazes de tratar os negros com tanta monstruosidade no período da escravidão.

Talvez por serem aceitas ou ignoradas por grande parte da sociedade, a maioria das pessoas não percebe que suas ações contra os animais são simplesmente erradas. No entanto, não há mais como esperar. A causa animal fez-se urgente.

XXI.

GRUPOS DE DEFESA DOS ANIMAIS E PONTOS DE INFORMAÇÃO

> "Um homem pode viver uma vida saudável sem ter que matar animais para comer; portanto, se ele come carne, participa do ato de tirar a vida de uma criatura meramente para saciar seu apetite. E agir dessa maneira é imoral."
>
> *Leon Tolstoi*

ATUALMENTE EXISTEM CENTENAS DE GRUPOS dedicados a proteger os animais. A lista a seguir contém apenas alguns, mas poderia ser muito maior. Essas organizações foram escolhidas por terem sido usadas como grandes pontos de pesquisa para este livro e para o meu contínuo estudo sobre o assunto.

Aliança Internacional do Animal (AILA). Organização não-governamental que tem como objetivo a proteção e o bem-estar de todos os animais. Recebe denúncias de maus-tratos e violência contra os animais e faz o possível para averiguar e tomar providências. Aceita voluntários solidários à causa para ajudar em suas campanhas. Website: http://www.aila.org.br/

Animal Defenders International. Organização internacional fundada em 1990 e baseada em Londres. Dedica-se a programas educativos sobre o bem-estar animal, conservação ambiental e a salvar animais como os de circos. Website: http://ad-international.org/

ARCA Brasil. Associação Humanitária de Proteção e Bem-Estar Animal. Representante brasileira da IAHAIO, International Association for Human Animal Interactions Organizations. Sem fins lucrativos, a organização, criada em 1993, tem como objetivo promover o bem-estar e o respeito aos direitos dos animais. Sua proposta é interligar profissionais, em particular médicos veterinários, saúde pública, proteção animal e sociedade, para o aprimoramento das relações homem-animal. Website: http://www.arcabrasil.org.br/index.htm

BirdLife International. Organização dedicada à conservação de pássaros. Respeitada por suas pesquisas e publicações, que incluem livros, reportagens e revistas. O website contém um excelente banco de dados com informações detalhadas sobre mais de 10 mil espécies de pássaros e programas em curso para conservá-los. Website em inglês: http://www.birdlife.net/index.html

Guia Vegano. Portal construído por voluntários brasileiros e estrangeiros, disponibiliza conteúdo direcionado à comunidade vegana e vegetariana. Tem por objetivo orientar, informar e integrar essa comunidade. Os artigos são produzidos pelos próprios voluntários, expressam seus pontos de vista sobre temas relacionados ao veganismo, vegetarianismo, ecologia, proteção e direitos animais. São disponibilizados gratuitamente os seguintes serviços: Galeria de adoção animal, calendário vegano, quero me tornar vegano (destinado a iniciantes), receitas, sistema de fórum, fontes para imprensa e mailing com notícias. Endereço: www.guiavegano.com.br

Instituto Brasileiro do Meio Ambiente e dos Recursos Naturais Renováveis (Ibama). Órgão do governo federal brasileiro responsável pela execução, controle e fiscalização ambiental. Responde pela integridade das áreas de preservação permanentes e de reservas legais, além de promover o acesso e o uso sustentável dos recursos naturais e muitas outras ações voltadas à conservação do ambiente. Website: http://www.ibama.gov.br

Projeto Esperança Animal (PEA). Entidade ambiental para a proteção ao meio ambiente e à biodiversidade. A PEA atua por meio da criação e implementação de ações isoladas e campanhas de mobilização em massa, além do desenvolvimento de métodos de conscientização da opinião pública. Seus projetos visam à preservação do meio ambiente e de animais em geral, tendo como principal objetivo a conscientização da sociedade. Promove o controle populacional por meio de incentivo à esterilização, vacinação; gerencia a doação e a posse responsável de animais domésticos, entre eles cães e gatos; divulga o vegetarianismo, os métodos científicos substitutivos à experimentação em animais e o consumo consciente de produtos que causam menor dano aos animais e ao meio ambiente. Website: http://www.pea.org.br

People for the Ethical Treatment of Animals (Peta). Organização internacional de defesa do animal com o maior número de membros no mundo, 800 mil. Suas campanhas se concentram em proteger os animais de fazendas-fábricas, laboratórios, mercado de peles de animais e indústria do entretenimento. Suas atividades incluem programas de educação, investigações contra crueldades, pesquisas, resgate de animais, lobby para legislações, eventos e protestos. Website em inglês: http://www.peta.org/ Website em espanhol: http://www.petaenespanol.com/

Rede Nacional de Combate ao Tráfico (Renctas). Organização sem fins lucrativos, considerada de utilidade pública federal, que desenvolve diversas ações de combate ao tráfico de animais silvestres. Entre elas estão a realização de campanhas nacionais e internacionais de conscientização, cursos, treinamentos e workshops para a capacitação e qualificação de agentes responsáveis pela fiscalização ambiental, apoio e desenvolvimento de projetos de pesquisa e conservação da fauna, elaboração de banco de dados, programas de controle e apoio às operações de fiscalização e elaboração de relatórios sobre essa atividade criminosa. Website: http://www.renctas.com.br

Sociedade Vegetariana Brasileira. Uma sociedade sem fins lucrativos, organizada em âmbito nacional, que trabalha para que o vegetarianismo seja conhecido e aceito como uma opção alimentar benéfica para a saúde humana, dos animais e do planeta. Website: http://www.svb.org.br

MANIFESTO PELOS DIREITOS DOS ANIMAIS 225

Sociedade União Internacional Protetora dos Animais (Suipa). Entidade sem fins lucrativos que abriga animais abandonados. Promove campanhas de conscientização sobre crueldades cometidas aos animais, promove adoções, atende e direciona casos de denúncias de maus-tratos, oferece atendimento veterinário gratuito a pessoas de baixo poder aquisitivo e orienta pessoas a cuidar bem de seus animais. Website: http://www.suipa.org.br

SOS Mata Atlântica. A Fundação SOS Mata Atlântica é uma entidade privada sem vínculos partidários ou religiosos e sem fins lucrativos. Seus principais objetivos são defender os remanescentes da Mata Atlântica, valorizar a identidade física e cultural das comunidades humanas que nelas habitam, conservar o riquíssimo patrimônio natural, histórico e cultural existente nessas regiões. Website: http://www.sosmatatlantica.org.br/index.php

União Vegetariana Internacional (IVU). Fundada em 1908 na Alemanha, é uma organização sem fins lucrativos que promove o vegetarianismo em todo o mundo. Seus objetivos incluem: estimular a formação de organizações vegetarianas locais, nacionais e regionais e a cooperação entre elas; promover congressos vegetarianos mundiais e regionais para divulgar e desenvolver o interesse pela causa vegetariana. Dar oportunidades para os vegetarianos se reunirem, levantar fundos para dar apoio às sociedades filiadas sempre que possível, estimular a pesquisa, a coleta e a publicação, em toda a mídia, de material sobre todos os aspectos do vegetarianismo, pela própria IVU e por todas as sociedades filiadas, representar a causa vegetariana em organismos internacionais apropriados e falar em favor da causa global quando apropriado. Website: http://www.ivu.org/portuguese/about.html

WWF-Brasil (World Wildlife Fund). Organização não-governamental brasileira que integra a maior rede mundial de conservação da natureza. A missão do WWF-Brasil é contribuir para que a sociedade brasileira conserve a natureza, harmonizando a atividade humana com a preservação da biodiversidade e com o uso racional dos recursos naturais, para o benefício dos cidadãos de hoje e das futuras gerações. O WWF-Brasil executa atualmente 71 projetos em parceria com ONGs regionais, universidades e órgãos governamentais. Desenvolve atividades de apoio a pesquisa, legislação e políticas públicas, educação ambiental e comunicação. Web site: http://www.wwf.org.br

NOTAS

[1]"Mystery cat takes regular bus to the shops." *Daily Mail*. (News) 12 de abril de 2007.

[2]"Teenager detained for cat cruelty." *BBC News*. 14 de julho de 2006.

[3]Grant, C. *The no-nonsense guide to animal rights*. New Internationalist Publications Ltd. 2006.

[4]DeGrazia, D. *Animal Rights: A Very Short Introduction*. Oxford University Press. 2002.

[5]Spencer, C. *The Herectic's Feast*. University Press of New England, 1995.

[6]DeGrazia, D. *Animal Rights: A Very Short Introduction*. Oxford University Press. 2002.

[7]Grant, C. *The no-nonsense guide to animal rights*. New Internationalist Publications Ltd. 2006.

[8]Midley, M. *Descartes' Prisoners. New Statement*. 24 de maio de 1999.

[9]DeGrazia, D. *Animal Rights: A Very Short Introduction*. Oxford University Press. 2002.

[10]Steiner, G. *Anthropocentrism and Its Discontents*. University of Pittsburgh Press. 2005.

[11]Grant, C. *The no-nonsense guide to animal rights*. New Internationalist Publications Ltd. 2006.

[12]Grant, C. *The no-nonsense guide to animal rights*. New Internationalist Publications Ltd. 2006.

[13]Grant, C. *The no-nonsense guide to animal rights*. New Internationalist Publications Ltd. 2006.

[14]"Ética". *Enciclopédia Britânica*. 17 de junho, 2006.

[15]Godlovitch R, Godlovitch S, and Harris J. *Animals, Men and Morals: An Inquiry into the Maltreatment of Non-humans.*1972.

[16]DeGrazia, D. *Animal Rights: A Very Short Introduction*. Oxford University Press. 2002.

[17]Sneddon, L. "Can animals feel pain?" Pain: Science, medicine, history, culture. Obtido no dia 13 de maio de 2007. http://www.wellcome.ac.uk/en/pain/microsite/index.html

[18]DeGrazia, D. *Animal Rights: A Very Short Introduction*. Oxford University Press. 2002.

[19]DeGrazia, D. *Animal Rights: A Very Short Introduction*. Oxford University Press. 2002.

[20]Botzler, Richard. Armstrong, Susan. *The Animal Ethics Reader.* Routledge. Publicado em 2003 em Londres, Canadá e Estados Unidos, p. 34.

[21]Botzler, Richard. Armstrong, Susan. *The Animal Ethics Reader.* Routledge. Publicado em 2003 em Londres, Canadá e Estados Unidos, p. 92-93.

[22]Sneddon, L. "Can animals feel pain?" Pain: Science, medicine, history, culture. Obtido no dia 13 de maio de 2007. http://www.wellcome.ac.uk/en/pain/microsite/index.html

[23]Botzler, Richard. Armstrong, Susan. *The Animal Ethics Reader.* Routledge. Publicado em 2003 em Londres, Canadá e Estados Unidos, p. 166-170.

[24]Midgley, Mary. *Beast and Man: The Roots of Human Nature*. Routledge. 11 de julho de 2002.

[25]Adams, Carol. *The Sexual Politics of Meat: A Feminist-Vegetarian Critical Theory*. Continuum International Publishing Group. 1º de novembro de 1999.

[26]Palestra no Primeiro Congresso Vegetariano Brasileiro e Latino-americano. Agosto de 2006.

MANIFESTO PELOS DIREITOS DOS ANIMAIS 229

[27]Obtido no dia 6 de outubro de 2007 do website: http://www.abolitionistapproach.com.

[28]Venturoli, Thereza. "Dez Mil Anos de Amizade". Revista *Veja*. Edição 1881. 24 de novembro de 2004.

[29]Grant, C. *The no-nonsense guide to animal rights*. New Internationalist Publications Ltd. 2006.

[30]"Manifesto pela libertação dos animais." *Le Monde Diplomatique*. Setembro 2006. http://diplo.uol.com.br/2006-09,a1386

[31]Griffin, D.R. "Progress toward a cognitive ethology." In: Ristau, C.A., ed. "Cognitive ethology, the minds of other animals: essays in honor of Donald R. Griffin." Hillsdale, NJ, Lawrence Erlbaum, 1991, p. 3-17.

[32]Griffin, D.R. *"Progress toward a cognitive ethology."* In: Ristau, C.A., ed. *"Cognitive ethology, the minds of other animals: essays in honor of Donald R. Griffin."* Hillsdale, NJ, Lawrence Erlbaum, 1991. p.3-17.

[33]Botzler, Richard. Armstrong, Susan. *The Animal Ethics Reader*. Routledge. Publicado em 2003 em Londres, Canadá e Estados Unidos, p. 106-112.

[34]Botzler, Richard. Armstrong, Susan. *The Animal Ethics Reader*. Routledge. Publicado em 2003 em Londres, Canadá e Estados Unidos, p. 106-112.

[35]Botzler, Richard. Armstrong, Susan. *The Animal Ethics Reader*. Routledge. Publicado em 2003 em Londres, Canadá e Estados Unidos, p. 106-112.

[36]"A consciência animal." *Folha de S. Paulo*. 5 de agosto de 2001.

[37]Sabbatini, R. "Os Animais Pensam?" Obtido no dia 6 de maio de 2006. http://www.cerebromente.org.br/n17/opinion/animal-think_p.htm

[38]Grant, C. *The no-nonsense guide to animal rights*. New Internationalist Publications Ltd. 2006.

[39]Botzler, Richard. Armstrong, Susan. *The Animal Ethics Reader*. Routledge. Publicado em 2003 em Londres, Canadá e Estados Unidos, p. 179.

[40]*Factory Farms Grow New Roots in Developing World*. Environment News Service. Abril 2003.

[41]Grant, C. *The no-nonsense guide to animal rights*. New Internationalist Publications Ltd. 2006.

[42]Website: www.jbs.com.br

[43]"Statistics: Global Farmed Animal Slaughter." *Farmed Animal Watch*: n. 68, v. 2.

[44]Regan, T. *Empty Cages*. Rowman & Littlefield. 2004.

[45]Singer, Peter. *Animal Liberation*. Harper Collins Publishers, 3. ed. Nova York, 2002.

[46]Thornberry, F.D., Crawley, W.O. Krueger, W.F. "Debeaking: Laying Stock to Control Cannibalism." Poutry Digest. Maio, 1975.

[47]*Factory Farming: Mechanized Madness.*" Peta. http://www.peta.org/factsheet/files/FactsheetDisplay.asp?ID=103

[48]Marcus, Erik. *Vegan: The New Ethics of Eating*. 2.nd edition. McBooks Press, 2001.

[49]*Factory Farming: Mechanized Madness.*" Peta. http://www.peta.org/factsheet/files/FactsheetDisplay.asp?ID=103

[50]Marcus, Erik. *Vegan: The New Ethics of Eating*. 2.nd edition. McBooks Press, 2001.

[51]Associação Protetora de Animais de São Francisco de Assis. Material Educativo. "Consumo de Carne." http://www.apasfa.org/futuro/right.shtml

[52]Botzler, Richard. Armstrong, Susan. *The Animal Ethics Reader*. Routledge. Publicado em 2003 em Londres, Canadá e Estados Unidos, p. 178.

[53]Botzler, Richard. Armstrong, Susan. *The Animal Ethics Reader*. Routledge. Publicado em 2003 em Londres, Canadá e Estados Unidos, p. 178.

[54]Associação Protetora de Animais de São Francisco de Assis. Material Educativo. "Consumo de Carne." http://www.apasfa.org/futuro/right.shtml

[55]Motter, Juliana. "Produção de *foie gras* tortura gansos e patos." ARCA Brasil. http://www.arcabrasil.org.br/assine_fois.htm

[56]*Foie Gras.*" Sociedade Humanitária dos Estados Unidos. http://www.hsus.org/ace/11507

[57]Motter, Juliana. "Produção de *foie gras* tortura gansos e patos." ARCA Brasil. http://www.arcabrasil.org.br/assine_fois.htm

MANIFESTO PELOS DIREITOS DOS ANIMAIS 231

[58]"Mercado Aberto para patos e marrecos." Pousada das Cores. http://www.pousadadascores.com.br/hortifrutigranjeiros/reportagem_patos_marrecos.htm

[59]Motter, Juliana. "Produção de *foie gras* tortura gansos e patos." ARCA Brasil. http://www.arcabrasil.org.br/assine_fois.htm

[60]DeGrazia, D. *Animal Rights: A Very Short Introduction.* Oxford University Press; 1ª edição. 1º de maio de 2003. Obtido da Antologia Botzler, Richard. Armstrong, Susan. *The Animal Ethics Reader.* Routledge. Publicado em 2003 em Londres, Canadá e Estados Unidos, p. 181.

[61]"Factory Farming: Mechanized Madness." Peta. http://www.peta.org/factsheet/files/FactsheetDisplay.asp?ID=103

[62]Schlosser, Eric. *Fast Food Nation, The Dark Side of the All-American Meal,* Houghton Mifflin Company, Nova York. 2001.

[63]Nierenberg, D., Garcés, L. *Produção animal industrial — a próxima crise global de saúde?* Sociedade Mundial de Proteção Animal (WSPA). 2004.

[64]Chapin, Amy (Spring, 1999), "Environmental Health Effects of Industrial Swine Production", Speaker's Kit, The Kerr Center for Sustainable Agriculture; Kirkhorn, Steven R., Community and Environmental Health Effects of Concentrated Animal Feeding Operations, Minnesota Medicine, v. 85. Outubro de 2002.

[65]"Adoráveis Golfinhos." *Globo Repórter.* 7 de maio de 2004. http://redeglobo6.globo.com/globoreporter/0,19125,VGC0-2703,00.html

[66]Botzler, Richard. Armstrong, Susan. *The Animal Ethics Reader.* Routledge. Publicado em 2003 em Londres, Canadá e Estados Unidos, p. 161-164.

[67]"Slaughter Exposed: Sea Shepard Mounts International Protest." Sea Shepard Conservation Society. http://www.seashephard.org/taiji.shtml

[68]Revista *Veja* — Edição 1810. 9 de julho de 2003.

[69]"Keeping America's Tuna Dolphin Safe." Defenders of the Wildlife. Obtido em 25 de maio de 2007. http://www.defenders.org/wildlife/new/dolphins.html

232 RAFAELLA CHUAHY

[70]Lage, Janaina. "População do Rio ultrapassa os 6 milhões de habitantes." *Folha de São Paulo* on-line. 30 de agosto de 2004. http://www1.folha.uol.com.br/folha/cotidiano/ult95u98873.shtml

[71]"Keeping America's Tuna Dolphin Safe." Defenders of the Wildlife. Obtido em 1º de outubro de 2004. http://www.defenders.org/wildlife/new/dolphins.html

[72]Website: http://www.wwf.org/

[73]"Como funcionam as baleias." How stuff works. http://ciencia.hsw.com.br/baleias3.htm. Obtido em 25 de maio de 2007.

[74]Felkl, Aline. "Anunciada criação de área de proteção à baleia-franca." *A Notícia*. 12 de outubro 1999. http://an.uol.com.br/1999/out/12/0ger.htm

[75]"Lista das espécies da fauna brasileira ameaçadas de extinção." Ibama. http://www.mma.gov.br/port/sbf/fauna/index.cfm

[76]"Reunião da comissão internacional da caça da baleia abre espaço para uma complexa estratégia." *Jornal do Comércio* do Rio de Janeiro. 22 de junho de 2003.

[77]"Comissão derrota baleeiros", Ministério das Relações Exteriores. 22 de julho de 2004. http://www.mre.gov.br/portugues/noticiario/nacional/selecao_detalhe.asp?ID_RESENHA=65094

[78]"Frequently Asked Questions About Canada's Seal Slaughter." FurIsDead.com. Obtido em 27 de maio de 2007.

[79]"Facts About the Canadian Seal Hunts." The Human Society of the United States. http://www.hsus.org/ace/19074

[80]Jansen, Roberta. "Brasil ganha campanha para salvar tubarões." *O Globo. Ciência.* 16 de novembro de 2004. http://oglobo.globo.com/jornal/ciencia/147019937.asp

[81]"Status category summary by major taxonomic group (animals)." The IUCN Red List of Threatened Species. 2006. http://www.iucnredlist.org/info/tables/table3a

[82]Lins, L. "Em defesa dos grandes vilões do mar." *O Globo.* 12 de julho de 2004. http://oglobo.globo.com/jornal/ciencia/143641894.asp

[83]Jansen, R. "Brasil ganha campanha para salvar tubarões." *O Globo. Ciência.* 16 de novembro de 2004.

MANIFESTO PELOS DIREITOS DOS ANIMAIS   233

[84]"Ambiente: 150 zonas de mar e oceano com falta de oxigénio em todo o mundo." ONU. Agência Lusa. Serviço Nacional. 29 de março de 2004.

[85]Ruivo, U. "A indústria de pesca no Brasil — novas oportunidades de negócios." Apresentação da FISPAL Technology (SP). 2007.

[86]Revista *Veja* — Edição 1810. 9 de julho de 2003.

[87]Tynan, Ellen. Especialista em Meio Ambiente do Banco Mundial. World Environment Day: Protecting Ocean Life. Publicado na intranet do Banco Mundial. 4 de junho de 2004.

[88]"Fishing — the facts." *New Internationalist.* Nº 325. Julho de 2000.

[89]Laidlaw, R. "Nature in a Box." Seminário apresentado em 2004 à Sociedade de Proteção aos Animais de Toronto.

[90]"Estoques de bacalhau podem sumir em 15 anos." *O Estado de S. Paulo.* 13 de maio de 2004.

[91]Fonseca, J. "Portugal, o país que mais consome bacalhau seco em todo o mundo (per capita)." *Diário de Notícias* de Lisboa. 29 de maio de 2007. http://www.gov-madeira.pt/sra/geomedia/BalcaoVerde/index.asp?secc=noticias&ID=300

[92]"Estoques de bacalhau podem sumir em 15 anos." *O Estado de S. Paulo.* 13 de maio de 2004.

[93]Brito, Marina. "Criação de camarão no Brasil pode criar crise ambiental." *BBC Brasil.* 20 de maio de 2004. http://www0.bbc.co.uk/portuguese/ciencia/story/2004/05/040520_shrimp.shtml

[94]"Extinção ameaça espécies de baleias e golfinhos." 14 de maio de 2003. *BBC Brasil.* http://www0.bbc.co.uk/portuguese/ciencia/030514_baleiabg.shtml

[95]"Urgent need to protect, sustainably manage oceans and seas, Secretary-General says in World Environment Day message." *M2 Presswire.* 12 de maio de 2004.

[96]"Reunião da comissão internacional da caça da baleia abre espaço para uma complexa estratégia." *Jornal do Comércio* do Rio de Janeiro. 22 de junho de 2003.

[97]"*Comissão derrota baleeiros*", Ministério das Relações Exteriores. 22 de julho de 2004. http://www.mre.gov.br/portugues/noticiario/nacional/selecao_detalhe.asp?ID_RESENHA=65094

[98]"Baleias correm risco recorde." *Jornal do Brasil* on-line. 17 de junho de 2004. http://jbonline.terra.com.br/jb/papel/internacional/2004/06/16/jorint20040616008.html

[99]"Scientists, Industry, Conservationists Launch Competition for Fishing Gear that Reduces Wildlife Deaths." *U.S. Newswire*. 3 de maio de 2004.

[100]"Costal and Marina Management." The World Bank Group, intranet.

[101]"Reservas marinhas têm viabilidade econômica, diz WWF." 15 de julho de 2004. BBC Brasil.com http://www.bbc.co.uk/portuguese/ciencia/story/2004/06/040615_seasg.shtml

[102]Tynan, Ellen. "Especialista em meio ambiente do Banco Mundial." World Environment Day: Protecting Ocean Life. Publicado na intranet do Banco Mundial. 4 de junho de 2004.

[103]Linhares, J. "Estes bichos começam a ser salvos." 3 de março de 2004. Revista *Veja*, Ciência, p. 88-89.

[104]"Animals increasingly important in Italy but still suffer." Ansa. English Media Service. 19 de outubro de 2004.

[105]Randerson, J. "Number of animal tests rises to 2.9m, highest total for 13 years." 25 de julho de 2006. *Guardian Unlimited*. http://education.guardian.co.uk/businessofresearch/story/0,,1828322,00.html

[106]"40 mil animais para fins científicos em Portugal." 23 de abril de 2007. Portugal Diário. http://www.portugaldiario.iol.pt/noticia.php?id=800824

[107]"The Facts About Animal Experiments." Stop Animal Exploration NOW (SAEN). http://www.all-ceatures.org/saen/fact-anexjul03.thml

[108]Linhares, J. "Estes bichos começam a ser salvos." 3 de março de 2004. Revista *Veja*, Ciência, p. 88-89.

[109]Singer, Peter. *Ethics Into Action*. Rowman & Littlefield Publishers, Inc. 2000, p. 87-90.

[110]"Testes em laboratório." Sociedade União Internacional Protetora de Animais (Suipa). http://www.suipa.org.br/portal/crueldades_laboratorio.asp

[111]"Testes em Animais." Aliança Internacional do Animal (Aila). http://www.aila.org.br/denuncias_testes.htm

MANIFESTO PELOS DIREITOS DOS ANIMAIS   235

[112]Singer, Peter. *Ethics Into Action*. Rowman & Littlefield Publishers, Inc. 2000, p. 136-138.

[113]"*Pele artificial dispensa teste com animais.*" G1 portal de notícias da *Globo*. 26 de julho de 2007.

[114]Linhares, Juliana. "Estes bichos começam a ser salvos." 3 de março de 2004. Revista *Veja*, Ciência, p. 88-89.

[115]Locke, Paul. "The Animal Welfare Act and the 3 Rs: Where Are We and Where Should We Go?" Johns Hopkins University. http://caat.jhsph.edu/programs/workshops/20th/locke.htm

[116]Singer, Peter. *Ethics Into Action*. Rowman & Littlefield Publishers, Inc. 2000, p. 139.

[117]Ryder, R. *The Political Animal*. McFarland, 1998.

[118]Regan, T. "Are Zoos Morally Defensible? Ethics of the Ark: Zoos, Animal Welfare and Wildlife Conservation." Obtido da Antologia: Botzler, Richard. Armstrong, Susan. *The Animal Ethics Reader*. Routledge. Publicado em 2003 em Londres, Canadá e Estados Unidos, p. 454.

[119]DeGrazia, D. "The Ethics of Animal Research: What are the Prospects of Agreement?" Cambridge Quaterly of Healthcare Ethics (1999). Obtido da Antologia: Botzler, Richard. Armstrong, Susan. *The Animal Ethics Reader*. Routledge. Publicado em 2003 em Londres, Canadá e Estados Unidos, p. 253-260.

[120]Varner, G. "Can Animal Rights Activists be Environmentalists? Environmental Philosophy and Environmental Activism." Obtido da Antologia: Botzler, Richard. Armstrong, Susan. *The Animal Ethics Reader*. Routledge. Publicado em 2003 em Londres, Canadá e Estados Unidos, p. 411-420.

[121]Farnsworth, E. J. e Rosovsky, J. The "Ethics of Ecological Field Experimentation", in Conservation Biology 7:463-72. Copyright Society for Conservation Biology. Obtido da Antologia: Botzler, Richard. Armstrong, Susan. *The Animal Ethics Reader*. Routledge. Publicado em 2003 em Londres, Canadá e Estados Unidos, p. 272-279.

[122]Linhares, Juliana. "Estes bichos começam a ser salvos." 3 de março de 2004. Revista *Veja*, Ciência, p. 88-89.

236 RAFAELLA CHUAHY

[123]"Testes em Animais: Alternativas." Aliança Internacional do Animal. http://www.aila.org.br/denuncias_testes7.htm

[124]Reis, S. Olhar Vital: Publicação eletrônica da Coordenadoria de Comunicação da UFRJ. Edição 045. 20 de julho de 2006.

[125]Matuck, F. "Faculdade de Medicina do ABC proíbe experimentação com animais vivos." *O Globo*. 12 de setembro de 2007.

[126]"Circo. Defensores dos animais protestam em Lisboa contra crueldade." 12 de dezembro de 2003. Agência Lusa. Serviço Nacional.

[127]"Crueldade com animais: Animais em Circo." PEA. http://www.pea.org.br/crueldade/circos/index.htm

[128]"Crueldade com animais: Animais em Circo." PEA. http://www.pea.org.br/crueldade/circos/index.htm

[129]Marquezi, Dagomir. "Crueldade no circo: A história de Gaya." *Universo Animal*. Edição 1º de setembro de 2004, p. 20.

[130]"Legislation Prohibiting or Restricting Animal Acts." People for the Ethical Treatment of Animals. 2 de março de 2003. http://www.circuses.com/AnimalActs_Legislation.pdf

[131]Groth, M. "Picadeiro moderno." *AN Agora*. 8 de novembro de 2002. http://an.uol.com.br/2002/nov/08/0ane.htm

[132]"Suffering Deep Down. An investigation into Public Aquaria in the UK." The Captive Animals Protection Society. 2004. http://www.captiveanimals.org/aquarium/suffering.pdf

[133]"Suffering Deep Down. An investigation into Public Aquaria in the UK." The Captive Animals Protection Society. 2004. http://www.captiveanimals.org/aquarium/suffering.pdf

[134]"Suffering Deep Down: An investigation into Public Aquaria in the UK." The Captive Animals Protection Society. 2004.http://www.captiveanimals.org/aquarium/suffering.pdf

[135]"Suffering Deep Down. An investigation into Public Aquaria in the UK." The Captive Animals Protection Society. 2004. http://www.captiveanimals.org/aquarium/suffering.pdf

[136]Minett, Ross. "Beyond the Glass: An Investigation into Scottish Public Aquaria." Setembro de 2004. Advocates for Animals. http://www.advocatesforanimals.org/pdf/beyondtheglass.pdf

[137]Eaton, R.L. "Orcas and Dolphins in Captivity", *In The Orca Project. A Meeting of Nations: An Anthology*, copyright 1998 Ran-

MANIFESTO PELOS DIREITOS DOS ANIMAIS 237

dall Eaton. Obtido da Antologia: Botzler, Richard. Armstrong, Susan. *The Animal Ethics Reader*. Routledge. Publicado em 2003 em Londres, Canadá e Estados Unidos, p. 448-451.

[138]"People for the Ethical Treatment of Animals." http://www.peta.org.

[139]Casamitjana, Jordi. "Enclosure size in captive wild mammals: A comparison between UK zoological collections and the wild." 2003. http://www.captiveanimals.org/zoos/enclosures.pdf

[140]"An Inquiry into animal welfare at Indonesian Zoos." World Society for the Protection of Animals. Obtido em 14 de outubro de 2004. http://www.wspa.org.uk/index.php?page=249

[141]"Beyond the Law." World Society for the Protection of Animals. Obtido em 14 de outubro de 2004. http://www.wspa.org.uk/index.php?page=247

[142]Mikevis, D. "62,5% dos zoos funcionam sem licença." *Folha de S. Paulo*. 4 de março de 2004.

[143]Mikevis, D. *"62,5% dos zoos funcionam sem licença." Folha de S. Paulo*. 4 de março de 2004.

[144]Moutinho, S. "Parques zoológicos: Primatas, felinos e ursos são os que mais sofrem." Agência Lusa. Serviço Nacional. 23 de maio de 2004.

[145]World Association of Zoos and Aquariums (WAZA). 2006. Website: http://www.waza.org/network/index.php?main=zoos

[146]Hall, Z. "Is Spain falling out of love with bullfights?" 18 de abril de 2004. *The Express on Sunday*.

[147]A Voz Animal. http://www.avozanimal.com.br/rodeios.htm

[148]"Barretos tem verba 30% maior em 2004." 26 de julho de 2004. *Gazeta Mercantil*.

[149]"Panorâmica". 23 de agosto de 2004. *Folha de S. Paulo*.

[150]"Barretos abre quinta-feira a 50ª edição da Festa do Peão." *O Estado de S. Paulo*, 7 de agosto de 2005.

[151]"Termina a 51ª Festa do Peão." Cosmo On Line. Obtido em 2 de junho de 2007. http://www.cosmo.com.br/barretos2006/vernoticia.asp?id=168033

[152]"Festa do Peão de Barretos começa com dois shows." 20 de agosto de 2004. *O Estado de S. Paulo*.

[153]"Justiça proíbe prova do laço na Festa do Peão de Barretos." *Folha Online*. 5 de maio de 2006. http://www1.folha.uol.com.br/folha/cotidiano/ult95u121143.shtml

[154]"*Calgary Stampede*." Wikipedia. http://en.wikipedia.org/wiki/Calgary_Stampede

[155]"Os animais nos esportes." S.O.S. Animais. http://www11.brinkster.com/sosanimal/sublivros.asp?id=14

[156]"*Crueldades: Farra do Boi*." Projeto Esperança Animal. http://www.pea.org.br/crueldade/farra/

[157]Stefanes, L. "Proibida há 6 anos, farra ainda provoca discussão." *AN Capital*. 20 de abril de 2003. http://an.uol.com.br/ancapital/2003/abr/20/index.htm

[158]"Um campeão de audiência fora do torneio." *O Globo*. 4 de agosto de 2003.

[159]"Crueldade com animais: rinhas." PEA. http://www.pea.org.br/crueldade/rinhas/index.htm

[160]Presidência da República. Casa Civil. Subchefia para Assuntos Jurídicos. Lei n° 9.605, de 12 de fevereiro de 1998. http://www.planalto.gov.br/ccivil_03/Leis/L9605.htm

[161]"*Briga de galo:* especialista alega que animal é agressivo por natureza." *O Globo*. 24 de outubro de 2004.

[162]Marlon, S. "Rinha de galo desafia justiça em Joinville." 23 de agosto de 2004. *A Notícia*. http://an.uol.com.br/2004/ago/23/0ger.htm

[163]Côrtes, Celina e Moraes, Rita. "*O vilão é o dono*." Revista *Isto É*. N° 1539. 31 de março de 1999. http://www.terra.com.br/istoe/comport/153921.htm

[164]"Crueldade com animais: rinhas." PEA. http://www.pea.org.br/crueldade/rinhas/index.htm

[165]"Treino inclui tortura." *Jornal do Brasil* (Caderno Cidade). 25 de outubro de 2004.

[166]"American pit bull terrier, uma das raças mais polêmicas dos nossos dias: verdade ou mito?" Saúde Animal. http://www.saude-animal.com.br/pit.htm

[167]Côrtes, Celina e Moraes, Rita. "O vilão é o dono." Revista *Isto É*. N° 1539. 31 de março de 1999. http://www.terra.com.br/istoe/comport/153921.htm

MANIFESTO PELOS DIREITOS DOS ANIMAIS   239

[168]"Os animais nos esportes." S.O.S. Animais. http://www11. brinkster.com/sosanimal/sublivros.asp?id=14

[169]"Gladiadores não têm para onde ir quando as rinhas são desativadas, e os animais de circo com problemas são descartados." Revista da *Folha de S. Paulo*. 31 de outubro de 2004. http://www1. folha.uol.com.br/revista/rf3110200409.htm

[170]"Sucesso em países vizinhos estimula interesse no Brasil". *Gazeta Mercantil*. 8 de junho de 2004.

[171]Regan, T. Empty Cages. Rowman & Littlefield. 2004.

[172]League Against Cruel Sports. http://www.league.uk.com.

[173]"Sucesso em países vizinhos estimula interesse no Brasil". *Gazeta Mercantil*. 8 de junho de 2004.

[174]Kheel, M. "The Killing Game: An Ecofeminist Critique of Hunting". *Journal of the Philosophy of Sport* 23:30-44. Obtido da Antologia: Botzler, Richard. Armstrong, Susan. *The Animal Ethics Reader*. Routledge. Publicado em 2003 em Londres, Canadá e Estados Unidos, p. 391-398.

[175]Grant, C. *The no-nonsense guide to animal rights*. New Internationalist Publications Ltd. 2006.

[176]Mason, P. "Sealskin fashion to boost Canada's fur trade." *BBC online*. http://news.bbc.co.uk/1/hi/business/3682191.stm

[177]"Animals increasingly important in Italy but still suffer." *Ansa*. English Media Service. 19 de outubro de 2004.

[178]"Revealed: How UK is centre for £7 million trade in cat and dog fur." *Evening Standard*. 31 de agosto de 2004.

[179]Ripardo, S. "Ataque à Gisele expõe indústria que mata 3 milhões de minks por ano." *Folha Online*. 15 de novembro de 2002.

[180]Mason, P. "Sealskin fashion to boost Canada's fur trade." *BBC online*. http://news.bbc.co.uk/1/hi/business/3682191.stm

[181]"People for the Ethical Treatment of Animals." Website: www. peta.org.

[182]Regan, Tom. *Empty Cages: Facing the Truth About Animal Cruelty in America*. Rowman & Littlefield Publishers, Inc., 2004.

[183]"Crueldade com animais: extração de pele." PEA. http://www. pea.org.br/crueldade/peles/index.htm

184"Crueldade com animais: extração de pele." PEA. http://www. pea.org.br/crueldade/peles/index.htm

185Teixeira, P. "A encruzilhada dos gaúchos." Revista *Época*. http:// revistaepoca.globo.com/Epoca/0,6993,EPT794816-1664,00. html

186"Comissão Parlamentar de Inquérito Destinada a Investigar o Tráfico Ilegal de Animais e Plantas Silvestres da Fauna e da Flora Brasileira." Cpitrafi. Relator: Deputado Sarney Filho. Publicado on-line 30 de janeiro de 2003. http://www.amazonia.org.br/arquivos/57500.doc

187"Brazil Launches Campaign Against International Animal Trafficking." 5 de junho de 2003. *EFE News Service*.

188Soares, L. "Guerrilheiro ecológico." 12 de novembro de 2003. *Veja On-line*. http://veja.abril.uol.com.br/121103/p_112.html

189"Comissão Parlamentar de Inquérito Destinada a Investigar o Tráfico Ilegal de Animais e Plantas Silvestres da Fauna e da Flora Brasileira." Cpitrafi. Relator: Deputado Sarney Filho. Publicado on-line 30 de janeiro de 2003. http://www.amazonia.org.br/arquivos/57500.doc

190"Wildlife Trade." World WildLife Fund. http://www.worldwildlife.org/trade/index.cfm

191Colombo, F. "Environment: Animal Trafficking." A Cruel Billion-Dollar Business." 8 de setembro, 2003. Inter Press Service.

192"Brazil Launches Campaign Against International Animal Trafficking." 5 de junho de 2003. *EFE News Service*.

193"Ibama apreende escorpiões nos Correios em SP." RENCTAS. Notícias do Tráfico. 5 de abril de 2006.

194Pinter, S. "Contrabando tira 1,5 milhão de empregos no País." 1º de abril, 2001. http://an.uol.com.br/2001/abr/01/0ecc.htm

195"Governo foi alertado sobre risco de aftosa." *O Globo*. 28 de outubro de 2005.

196"Comércio de animais aumenta risco." *O Globo*. 25 de janeiro de 2004.

197Balazina, A.. *"SP tem 1 veterinário por 122,7 mil cabeças."* *Folha de S. Paulo*. 20 de janeiro de 2004. http://www1.folha.uol. com.br/fsp/dinheiro/fi2001200429.htm

MANIFESTO PELOS DIREITOS DOS ANIMAIS 241

[198]Seabrook, C. "Endangered Creatures for Sale: Wildlife Smuggling Refuses to be Caged." 21 de dezembro de 2003. *The Atlanta Journal*. Constitution.

[199]"Seabrook, C. Endangered Creatures For Sale: Wildlife Smuggling Refuses to be Caged." 21 de dezembro de 2003. *The Atlanta Journal*. Constitution.

[200]Abbott, M. "Brasileiro ganha prêmio que já foi de Chico Mendes." 28 de outubro, 2003. *BBC Brasil.com* http://www.bbc.co.uk/portuguese/noticias/story/2003/10/031028_premio1mla.shtml

[201]"Comissão Parlamentar de Inquérito Destinada a Investigar o Tráfico Ilegal de Animais e Plantas Silvestres da Fauna e da Flora Brasileira." Cpitrafi. Relator: Deputado Sarney Filho. Publicado online 30 de janeiro de 2003. http://www.amazonia.org.br/arquivos/57500.doc

[202]Marques, H. "Agentes da Funai e índios são acusados de contrabando." 18 de maio de 2004. *Jornal do Brasil online*. URL: http://www.jb.com.br/jb/papel/brasil/2004/05/17/jorbra20040517011.html

[203]Abbott, M. "Brasileiro ganha prêmio que já foi de Chico Mendes." 28 de outubro, 2003. *BBC Brasil.com* http://www.bbc.co.uk/portuguese/noticias/story/2003/10/031028_premio1mla.shtml

[204]"Undercover Investigation Finds Rampant Sales of Endangered Species in NYC, San Francisco." World Wildlife Fund.http://www.worldwildlife.org/trade/tcm_successes2.cfm

[205]Adams, J. "Tigers by the Tail." *Newskweek*. 30 de julho de 2007.

[206]"Alarming upsurge in rhino poaching in key African countries, Traffic report to Cites." *Traffic news*. 6 de junho de 2007. http://www.traffic.org/RenderPage.action?CategoryId=1891

[207]Sengupta, Somini. "In Congo, war makes orphans of gentle bonobos." *The New York Times*. 4 de maio de 2004.

[208]Botzler, Richard. Armstrong, Susan. *The Animal Ethics Reader*. Routledge. Publicado em 2003 em Londres, Canadá e Estados Unidos, p. 147.

242 RAFAELLA CHUAHY

[209]"Commercial hunting means few more years to great apes: total extinction." The Last Ape Organization Cameroon (Laga) URL: http://www.lastgreatape.org/

[210]Botzler, Richard. Armstrong, Susan. *The Animal Ethics Reader*. Routledge. Publicado em 2003 em Londres, Canadá e Estados Unidos, p. 147.

[211]Botzler, Richard. Armstrong, Susan. *The Animal Ethics Reader*. Routledge. Publicado em 2003 em Londres, Canadá e Estados Unidos, p. 148.

[212]Botzler, Richard. Armstrong, Susan. *The Animal Ethics Reader*. Routledge. Publicado em 2003 em Londres, Canadá e Estados Unidos, p. 146.

[213]Venturoli, Thereza. "Dez mil anos de amizade." Revista *Veja*. Edição 1881. 24 de novembro de 2004.

[214]"Commercial hunting means few more years to great apes: total extinction." The Last Ape Organization Cameroon (Laga) URL: http://www.lastgreatape.org/

[215]"*Study Prediuts Chipanzee Extinction Sooner Then Thought.*" Born Free Foundation. http://www.bornfree.org.uk/primate/news040616.shtml

[216]"Koko Gets a Clean Bill of Health." Press-Release. Koko.org. http://www.koko.org/news/Press_Releases/pr_040810_health.html

[217]*Gorilla: Subspecies*. World WildLife Fund. http://www.worldwildlife.org/gorillas/subspecies.cfm

[218]"Orangotango adapta sinais a interlocutor, sugere estudo." Ambiente Brasil Jornal Diário. 5 de agosto de 2007.

[219]"Animals on the Edge: Primates." BBC. Science and Nature. http://www.bbc.co.uk/nature/animals/conservation/primates/intro.shtml

[220]Apresentação feita por Odin K. Knudsen no Banco Mundial de Washington, DC, em 12 de maio de 2004. Wildlife Law Enforcement in Forest Africa. The Last Great Ape Organization Cameroon (Laga).

[221]Tigers. Subspecies. World Wildlife Fund. http://www.worldwildlife.org/tigers/subspecies.cfm

MANIFESTO PELOS DIREITOS DOS ANIMAIS **243**

[222]Snow Leopards. World Wildlife Fund. https://secure.worldwildlife.org/snowleopards/index.cfm

[223]McCarthy, T. "Nowhere to Roam." 23 de agosto de 2004. *Time Magazine*, p. 44-53.

[224]"Gir lion on the verge of extinction." CNN-IBN. 17 de janeiro de 2006. http://www.ibnlive.com/news/gir-lions-on-the-verge-of-extinction/3872-3-0.html

[225]Rabinowitz, A. "Connecting the Dots: Saving the jaguar throughout its range." Wildlife Conservation online edition. Janeiro, 2005. http://www.wildlifeconservation.org/wcm-home/wcm-article/21516027

[226]229 McCarthy, T. "Nowhere to Roam." 23 de agosto de 2004. *Time Magazine*, p. 44-53.

[227]McCarthy, T. "Nowhere to Roam." 23 de agosto de 2004. *Time Magazine*, p. 44-53.

[228]McCarthy, T. "Nowhere to Roam." 23 de agosto de 2004. *Time Magazine*, p. 44-53.

[229]McCarthy, T. "*Nowhere to Roam.*" 23 de agosto de 2004. *Time Magazine*, p. 44-53.

[230]"Filhotes de tigre da Sibéria receberão coleiras com rádio." 30 de agosto de 2004. *BBC Brasil.* http://www1.folha.uol.com.br/folha/bbc/ult272u34785.shtml

[231]McCarthy, T. "Nowhere to Roam." 23 de agosto de 2004. *Time Magazine*, p. 44-53.

[232]McCarthy, T. "Nowhere to Roam." 23 de agosto de 2004. *Time Magazine*, p. 44-53.

[233]"Ciência: Genética e estatística unem-se para combater tráfico de marfim." *Agência Lusa.* Serviço África. 28 de setembro de 2004.

[234]"CITES updates wildlife trade rules to meet the emerging challenges of the 21st century." CITES. 15 de junho de 2007. http://www.cites.org/eng/news/press_release.shtml

[235]"RDCongo: Elefantes e rinocerontes brancos em risco de serem exterminados." *Agência Lusa.* Serviço África. 11 de agosto de 2004.

[236]Jansen, R. "Salvadora de órfãos do marfim." Revista O *Globo.* 21 de novembro de 2004.

244 RAFAELLA CHUAHY

[237]Jansen, R. "Salvadora de órfãos do marfim." Revista O *Globo*. 21 de novembro de 2004.

[238]Jansen, R. "Salvadora de órfãos do marfim." Revista O *Globo*. 21 de novembro de 2004.

[239]Jansen, Roberta. "O drama do macaco hippie." 4 de julho de 2004. O *Globo*. http://oglobo.globo.com/jornal/ciencia/143471442.asp

[240]"State of the world's birds 2004: indicators for our changing world." BirdLife International (2004). Cambridge, UK: BirdLife International.

[241]"14% das espécies de aves podem desaparecer até 2100." *Folha de S. Paulo*. 14 de dezembro de 2004.

[242]"Decline hits North American birds." *BBC News*. 20 de outubro de 2004. http://news.bbc.co.uk/2/hi/science/nature/3759690.stm

[243]"Number of threatened species in each major group of orga nisms in each country (Critically Endangered, Endangered and Vulnerable categories only)." International Union for Conservation of Nature and Natural Resources. http://www.iucnredlist.org/info/tables/table5

[244]"Olha o passarinho." *Globo Rural*. Edição 262. Agosto de 2007. http://revistagloborural.globo.com/EditoraGlobo/componentes/article/edg_article_print/1,3916,1602254-1641-1,00.html

[245]"Estudo Britânico Aponta Extinção em Massa na Terra." 23 de março de 2004. *Tribuna da Imprensa online*.

[246]Wilson, D. *The Future of Life*. Vintage; Reprint edition (March 11, 2003). ISBN: 0679768114.

[247]Marcus, E. *Vegan: The New Ethics of Eating*. 2nd Edition. McBooks Press, 2001.

[248]Marcus, E. *Vegan: The New Ethics of Eating*. 2nd Edition. McBooks Press, 2001.

[249]"John Gummer: Beef Eater." *BBC News*. 11 de outubro de 2000. http://news.bbc.co.uk/1/hi/uk/369625.stm

[250]Marcus, E. Vegan: *"The New Ethics of Eating."* 2.nd edition. McBooks Press, 2001.

[251]"Frequently Asked Questions About Mad Cow Disease and Human Health." Massachusetts Department of Public Health. http://www.state.ma.us/dph/cdc/factsheets/madcow.htm

MANIFESTO PELOS DIREITOS DOS ANIMAIS **245**

[252]Marcus, E. *Vegan: The New Ethics of Eating*. 2nd Edition. McBooks Press, 2001.

[253]Greger, Michael. "*Mercury Contamination in Fish*." Maio de 2004. URL: http://www.veganmd.org/may2004.html

[254]"Estudo alerta para ingestão de peixes contaminados." *Jornal do Brasil*: Saúde. 8 de março de 2007.

[255]Pettengill, Daniel. "Rio Manso: nível de mercúrio em peixes é alto." *Diário de Curitiba*. 25 de março de 2003.

[256]Torres, Sergio. "Área com mercúrio é interditada em MG." *Folha de S. Paulo*. 10 de setembro de 2002. URL: http://www1.folha.uol.com.br/fsp/cotidian/ff1009200332.htm

[257]"Cetem ganha concorrência internacional da Unido." Global Mercury Project. GMP News nº 4, março 2004.

[258]"Avaliação ambiental e de saúde em duas áreas de garimpo de ouro na Amazônia brasileira: sumário executivo São Chico e Creporizinho", abril de 2004. URL: http://www.cetem.gov.br/gmp/Documentos/Resumo_Executivo_UNIDO_Brasil.pdf

[259]"Avaliação ambiental e de saúde em duas áreas de garimpo de ouro na Amazônia brasileira: sumário executivo São Chico e Creporizinho", abril de 2004. URL: http://www.cetem.gov.br/gmp/Documentos/Resumo_Executivo_UNIDO_Brasil.pdf

[260]"Concentrações de mercúrio total em peixes consumidos pela população amazônida." III Encontro da ANPPAS. 23 a 26 de maio de 2006. Brasília-DF. Universidade Federal do Pará. http://www.anppas.org.br/encontro_anual/encontro3/arquivos/TA327-17032006-193705.DOC

[261]González, Gustavo. "Criadores de salmão desqualificam altos níveis de toxinas em salmões." 26 de janeiro de 2004. *Noticias Financieras*.

[262]González, Gustavo. "Criadores de salmão desqualificam altos níveis de toxinas em salmões." 26 de janeiro de 2004. *Noticias Financieras*.

[263]"Avian influenza: Current Situation." Centers for Disease Control and Prevention. http://www.cdc.gov/flu/avian/outbreaks/current.htm

[264]"Cumulative Member of Confirmed Human Cases of Avian Influenza A/(H5N1)." Reported to WHO, World Health Orga-

nization. http://www.who.int/csr/disease/avian_influenza/country/cases_table_2007_06_15/en/index.html

[265]"Avian influenza: Current Situation." Centers for Disease Control and Prevention. http://www.cdc.gov/flu/avian/outbreaks/current.htm

[266]"Bird flu: concern grows over possible spread in West Africa." Food and Agriculture Organization of the United Nations. http://www.fao.org/newsroom/en/news/2006/1000234/index.html

[267]"Avian influenza: a threat to rural livelihoods, agricultural production and human health." Food and Agriculture Organization of the United Nations. 2004. http://www.fao.org/newsroom/en/focus/2004/36467/index.html

[268]"Bird flu: concern grows over possible spread in West Africa." Food and Agriculture Organization of the United Nations. http://www.fao.org/newsroom/en/news/2006/1000234/index.html

[269]"Porcos são infectados por gripe do frango, diz cientista chinês." 20 de agosto de 2004. *BBC Brasil*. http://www.bbc.co.uk/portuguese/reporterbbc/story/2004/08/040820_porcosas.shtml

[270]"O custo das aglomerações." *O Estado de S. Paulo*. 21 de maio de 2004.

[271]Lean, Geoffrey. "Especialistas alertam que pandemia de gripe das aves seria devastadora." *O Globo*. 15 de março de 2005.

[272]"WHO chief issues bird flu warning". *BBC News*. 5 de janeiro de 2007. http://news.bbc.co.uk/2/hi/asia-pacific/6232849.stm

[273]"Alemanha planeja extermínio de gatos para conter gripe." Agência *O Globo*. 8 de março de 2006.

[274]Novaes, Washington. "Fraquezas de carne". *O Estado de S. Paulo*. 2 de julho de 2004.

[275]Else, Liz. Entrevista. "The true cost of meat." 14 de agosto de 2004. *New Scientist*. Volume 183, edição 2460.

[276]Balter, M, "Scientific Cross Claims Fly in Continuing Beef War," p. 1453-1455, *Science*, v. 284; Janet Raloff. "Hormones: Here's the Beef, Environmental Concerns Re-emerge Over Steroids Given to Livestock", p. 10, *Science News*, v. 161, nº 1. 5 de janeiro de 2002.

MANIFESTO PELOS DIREITOS DOS ANIMAIS **247**

[277]Sapkota, A., Leffters, L., McKenzie, S., Walker, P. *"What do we feed to food-production animals? A review of animal feed ingredients and their potential impactos on human health."* Environmental Health Perpectives, vol. 115. nº 5, maio de 2007.

[278]Sapkota, A., Leffters, L., McKenzie, S., Walker, P. *"What do we feed to food-production animals? A review of animal feed ingredients and their potential impactos on human health."* Environmental Health Perpectives, vol. 115. nº 5, maio de 2007.

[279]Sapkota, A., Leffters, L., McKenzie, S., Walker, P. "What do we feed to food-production animals? A review of animal feed ingredients and their potential impactos on human health." Environmental Health Perpectives, vol. 115. nº 5, maio de 2007.

[280]Sapkota, A., Leffters, L., McKenzie, S., Walker, P. "What do we feed to food-production animals? A review of animal feed ingredients and their potential impactos on human health." Environmental Health Perpectives. , vol. 115. nº 5, maio de 2007.

[281]Nierenberg, D., Garcés, L. "Produção animal industrial — a próxima crise global de saúde?" Sociedade Mundial de Proteção Animal (WSPA). 2004.

[282]Andrews, S. "Dieta para o Planeta." Revista *Época*. 19 de março de 2007, p. 120.

[283]Nelson, Jeff. "8,500 Gallons of Water for 1 Pound of Beef." VegSource.com. http://www.vegsource.com/articles2/water_stockholm.htm

[284]Sudhirendar, Sharma. "Saving a million drops to feed a billion mouths." *The Hindu* (Business Line). 8 de maio de 2004.

[285]"Crise ambiental 'é risco à espécie humana'." *BBC Brasil*. 25 de outubro de 2007.

[286]Venturoli, Thereza. "Dez mil anos de amizade." Revista *Veja*. Edição 1881. 24 de novembro de 2004.

[287]Sudhirendar, Sharma. "Saving a million drops to feed a billion mouths." *The Hindu* (Business Line). 8 de maio de 2004.

[288]Sudhirendar, Sharma. "Saving a million drops to feed a billion mouths." *The Hindu* (Business Line). 8 de maio de 2004.

[289]DeGrazia, D. "Animal Rights: A Very Short Introduction." Oxford University Press; 1st ed. 1º de maio de 2003. Obtido da

Antologia: Botzler, Richard. Armstrong, Susan. *The Animal Ethics Reader*. Routledge. Publicado em 2003 em Londres, Canadá e Estados Unidos, p. 181.

[290]"Economia consome mais do que a Terra pode produzir, alerta especialista." *Folha Online Ciência*. 9 de abril de 2003. http://www1.folha.uol.com.br/folha/ciencia/ult306u10043.shtml

[291]Pimentel, David; Westra, Laura; Noss, Reed. "Ecological Integrity: Integrating Environment Conservation and Health." Julho 2001. *Island Press*.

[292]"Our Food, Our Future: Facts and Figure from.The Food Revolution", by John Robbins. VegSource.com. http://www.vegsource.com/articles/factoids.htm

[293]"Mekay, Emad. Environment: Water.Scarcity. Can Be Fixed, Says New Report." *Inter Press Service*. 8 de março de 2004.

[294]"Water Facts: The Big Picture." *BBC News*. http://news.bbc.co.uk/1/hi/in_depth/world/2003/world_forum/water/default.stm#

[295]"Ruminant Livestock." U.S. Environmental Protection Agency. Obtido em 11 de setembro de 2004. http://www.epa.gov/methane/rlep/faq.html

[296]"Efeito hambúrguer aumenta destruição da Amazônia, diz estudo." 2 de abril de 2004. *BBC Brasil*. http://www.bbc.co.uk/portuguese/economia/story/2004/04/040401_amazoniamla.shtml

[297]Angelo, C. "Economista critica gado na Amazônia." *Folha de S. Paulo*. 30 de abril de 2007.

[298]"Desmatamento é o segundo maior da história da Amazônia." 7 de abril de 2004. http://www.amazonia.org.br/noticias/noticia.cfm?id=103803

[299]"Amazônia para sempre." 9 de julho de 2007. http://www.amazoniaparasempre.com.br/

[300]Arias, Juan. "A destruição da selva. A Amazônia da discórdia." 28 de maio de 2005. *El Pais*.

[301]Greif, S. "Vegetarianismo e combate a fome." Obtido no dia 1º de setembro de 2007 do site: http://www.svb.org.br/depmeioambiente/VegetarianismoeCombateaFome.htm

[302]Winckler, Marly. *Fundamentos do vegetarianismo*. Rio de Janeiro. Expressão e Cultura, 2004, p. 26.

MANIFESTO PELOS DIREITOS DOS ANIMAIS **249**

[303]Winckler, Marly. *Fundamentos do vegetarianismo*. Rio de Janeiro. Expressão e Cultura, 2004, p. 26.

[304]Kaimowitz, David; Mertens, Benoit; Wunder, Sven; Pacheco, Pablo. "A Conexão Hambúrguer Alimenta a Destruição da Amazônia." Centro para a Pesquisa Florestal Internacional. http://www.amazonia.org.br/arquivos/103607.pdf

[305]Winckler, Marly. *Fundamentos do vegetarianismo*. Rio de Janeiro. Expressão e Cultura, 2004, p. 27.

[306]"Entidades que constituem o Fórum Nacional pela Reforma Agrária questionam a liberação do milho transgênico Liberty Link da Bayer, em carta encaminhada ao presidente Luiz Inácio Lula da Silva." *Esplar Notícias*. 27 de setembro de 2007.

[307]Nogueira. R. "Milho transgênico é liberado." Obtido no dia 19 de setembro de 2007 no site: http://www.nacaodosol.org/conteudo.php?a=noticia&id=180

[308]Andrews, S. "Dieta para o Planeta." Revista *Época*. 19 de março de 2007, p. 120.

[309]Scheidt, P. "Carne é grande contribuinte do aquecimento global, diz estudo." 20 de julho de 2007. EnVolveVerde. http://envolverde.ig.com.br/?PHPSESSID=94cf330c4ccc3469 cf01de5d 23c6766b&busca=Akifumi+Ogino&x=7&y=7#

[310]Greif, S. "Vegetarianismo e combate à fome". Obtido no dia 1º de setembro de 2007 do site: http://www.svb.org.br/depmeioambiente/VegetarianismoeCombateaFome.htm

[311]Stephens, W.O. *Five Arguments for Vegetarianism*, obtido da Antologia de Botzler, Richard. Armstrong, Susan. *The Animal Ethics Reader*. Routledge. Publicado em 2003 em Londres, Canadá e Estados Unidos, p. 200-207.

[312]Stephens, W.O. *Five Arguments for Vegetarianism*, obtido da antologia de Botzler, Richard. Armstrong, Susan. *The Animal Ethics Reader*. Routledge. Publicado em 2003 em Londres, Canadá e Estados Unidos, p. 200-207.

[313]"Foro mundial sobre a reforma agrária." Valencia, Espanha, 5-8 de dezembro de 2004.

[314]"Foro mundial sobre a reforma agraria." Valencia, Espanha, 5-8 de dezembro de 2004.

250 RAFAELLA CHUAHY

[315]"As mulheres dizem não à tirania do livre comércio." Sempreviva Organização Feminista. Acessada no dia 29 de setembro de 2007. http://www.sof.org.br/arquivos/pdf/Folder_Oxfam.pdf

[316]Nogueira, R. "Eucalipto geneticamente modificado." Obtido no dia 19 de setembro de 2007 no site: http://www.nacaodosol.org/conteudo.php?a=noticia&id=196

[317]*Vegetarian Diets.* American Dietetic Association 2003. http://www.eatright.org/Public/GovernmentAffairs/92_17084.cfm

[318]*FAO/WHO launch expert report on diet, nutrition and prevention of chronic diseases.* 23 de abril de 2003. World Health Organization. http://www.who.int/mediacentre/releases/2003/pr32/en/

[319]*Saúde: Consumo de gorduras animais aumenta risco de doenças coronárias.* UE. 1º de setembro de 2004. Agência Lusa. Serviço Internacional.

[320]*Eating red meat ups diabetes risk in older women.* Reuters Health E-Line. 9 de setembro de 2004.

[321]Else, Liz. Entrevista. "The true cost of meat." 14 de agosto de 2004. *New Scientist.* Volume 183, edição 2460.

[322]Else, Liz. Entrevista. "The true cost of meat." 14 de agosto de 2004. *New Scientist.* Volume 183, edição 2460.

[323]Nierenberg, D., Garcés, L. "Produção animal industrial — a próxima crise global de saúde?" Sociedade Mundial de Proteção Animal (WSPA). 2004.

[324]"The Globe and Mail." *The New York Times.* 23 de julho de 2000.

[325]Calhau, Lélio Braga. "Meio ambiente e tutela penal nos maus-tratos contra animais." Jus Navigandi, Teresina, a. 8, nº 410, 21 de agosto de 2004. Disponível em: <http://www1.jus.com.br/doutrina/texto.asp?id=5585>. Acesso em: 24 de agosto de 2004.

[326]Calhau, Lélio Braga. "Meio ambiente e tutela penal nos maus-tratos contra animais." Jus Navigandi, Teresina, a. 8, nº 410, 21 de agosto de 2004. Disponível em: <http://www1.jus.com.br/doutrina/texto.asp?id=5585>. Acesso em: 24 de agosto de 2004.

[327]*TCU cobra ação do governo para reduzir biopirataria na Amazônia.* 12 de setembro de 2006. Sistema Estadual de Informações

MANIFESTO PELOS DIREITOS DOS ANIMAIS 251

Ambientais. http://www.seiam.ac.gov.br/index.php?option=com_content&task=view&id=818&Itemid=105

[328]Grant, C. *The no-nonsense guide to animal rights*. New Internationalist Publications Ltd. 2006.

[329]*Germany votes for animal rights*. 17 de maio de 2002. http://www.cnn.com/2002/WORLD/europe/05/17/germany.animals/

[330]"Animals increasingly important in Italy but still suffer." *Ansa*. English Media Service. 19 de outubro de 2004.

[331]Connolly, Kate. "Áustria aprova severa lei de proteção animal." *O Globo*. 31 de maio de 2004. http://oglobo.globo.com/jornal/Ciencia/142743853.asp

[332]Grant, C. *The no-nonsense guide to animal rights*. New Internationalist Publications Ltd. 2006.

[333]"Economics no excuse for cruelty to chickens; Animal Welfare: Catriona MacLennan says NZ is ignoring the plight of battery hens." *New Zealand Herald*. 9 de setembro de 2004.

[334]Grant, C. *The no-nonsense guide to animal rights*. New Internationalist Publications Ltd. 2006.

[335]"Animals Win Big in the Courts in 2004 as HSUS Launches New Litigation Section." The Humane Society of the United States. http://www.hsus.org/about_us/history/animals_win_big_in_the_courts_in_2004.html

[336]Gold, M. *Animal Century*. Jon Carpenter, 1998.

[337]Grant, C. *The no-nonsense guide to animal rights*. New Internationalist Publications Ltd. 2006.

[338]Grant, C. *The no-nonsense guide to animal rights*. New Internationalist Publications Ltd. 2006.

[339] "Beijing considers first-ever legislation to protect animal welfare". 10 de maio de 2004. Agence France Presse.

[340] "Estado da Índia dá aposentadoria integral para elefantes". *BBC Brasil*. 25 de julho de 2003. http://www.bbc.co.uk/portuguese/noticias/story/2003/07/030725_elefanteson.shtml

[341]Grant, C. *The no-nonsense guide to animal rights*. New Internationalist Publications Ltd. 2006.

[342]Grant, C. *The no-nonsense guide to animal rights*. New Internationalist Publications Ltd. 2006.

[343]Regan, T. *The Case of Animal Rights*. University of California Press (1983). Obtido da Antologia: Botzler, Richard. Armstrong, Susan. *The Animal Ethics Reader*. Routledge. Publicado em 2003 em Londres, Canadá e Estados Unidos, p. 274.

[344]Regan, Tom. *Empty Cages: Facing the Truth About Animal Cruelty in America*. Rowman & Littlefield Publishers, Inc., 2004.

[345]Galbraith, J. A. *Economia das fraudes inocentes: verdades para o nosso tempo*. São Paulo: Companhia das Letras, 2004.

[346]Amoroso, S. "Menos Marketing e Mais Ações." *JB Ecológico*, agosto de 2007, nº 67, p. 30-31.

[347]Amoroso, S. "Menos Marketing e Mais Ações." *JB Ecológico*. agosto de 2007, nº 67, p. 30-31.

[348]DeGrazia, D. "Animal Rights: A Very Short Introduction", p. 74. Oxford University Press. 2002.

[349]Regan, Tom. *Empty Cages: Facing the Truth About Animal Cruelty in America*. Rowman & Littlefield Publishers, Inc., 2004.

Este livro foi composto na tipologia Classical Garamond BT,
em corpo 11,5/15, impresso em papel off-white 80g/m²,
no Sistema Cameron da Divisão Gráfica
da Distribuidora Record.